心一堂術數古籍珍本叢刊

書名：精選命理約言【新修訂版】
系列：心一堂術數古籍珍本叢刊　星命類　第一輯　28
作者：【民國】韋千里
主編、責任編輯：陳劍聰
心一堂術數古籍珍本叢刊編校小組：陳劍聰　素聞　梁松盛　鄒偉才　虛白盧主

出版：心一堂有限公司
通訊地址：香港九龍旺角彌敦道六一〇號荷李活商業中心十八樓〇五—〇六室
深港讀者服務中心·中國深圳市羅湖區立新路六號羅湖商業大厦負一層〇〇八室
電話號碼：(852)67150840
網址：publish.sunyata.cc
電郵：sunyatabook@gmail.com
網店：http://book.sunyata.cc
淘寶店地址：https://shop210782774.taobao.com
微店地址：https://weidian.com/s/1212826297
臉書：https://www.facebook.com/sunyatabook
讀者論壇：http://bbs.sunyata.cc/

版次：二零一五年五月初版
平裝

定價：港幣　一百零八元正
人民幣　一百零八元正
新台幣　四百二十八元正

國際書號：ISBN 978-988-8316-67-0

香港發行：香港聯合書刊物流有限公司
地址：香港新界大埔汀麗路36號中華商務印刷大厦3樓
電話號碼：(852)2150-2100
傳真號碼：(852)2407-3062
電郵：info@suplogistics.com.hk

台灣發行：秀威資訊科技股份有限公司
地址：台灣台北市內湖區瑞光路七十六巷六十五號一樓
電話號碼：+886-2-2796-3638
傳真號碼：+886-2-2796-1377
網絡書店：www.bodbooks.com.tw
台灣國家書店讀者服務中心：
地址：台灣台北市中山區松江路二〇九號一樓
電話號碼：+886-2-2518-0207
傳真號碼：+886-2-2518-0778
網絡書店：http://www.govbooks.com.tw

中國大陸發行　零售：深圳心一堂文化傳播有限公司
深圳地址：深圳市羅湖區立新路六號羅湖商業大厦負一層〇〇八室
電話號碼：(86)0755-82224934

心一堂微店二維碼

心一堂淘寶店二維碼

心一堂術數古籍 珍本叢刊 整理 總序

術數定義

術數，大概可謂以「推算（推演）、預測人（個人、群體、國家等）、事、物、自然現象、時間、空間方位等規律及氣數，並或通過種種『方術』，從而達致趨吉避凶或某種特定目的」之知識體系和方法。

術數類別

我國術數的內容類別，歷代不盡相同，例如《漢書・藝文志》中載，漢代術數有六類：天文、曆譜、五行、蓍龜、雜占、形法。至清代《四庫全書》，術數類則有：數學、占候、相宅相墓、占卜、命書、相書、陰陽五行、雜技術等，其他如《後漢書・方術部》、《藝文類聚・方術部》、《太平御覽・方術部》等，對於術數的分類，皆有差異。古代多把天文、曆譜、及部分數學均歸入術數類，而民間流行亦視傳統醫學作為術數的一環；此外，有些術數與宗教中的方術亦往往難以分開。現代民間則常將各種術數歸納為五大類別：命、卜、相、醫、山，通稱「五術」。

本叢刊在《四庫全書》的分類基礎上，將術數分為九大類別：占筮、星命、相術、堪輿、選擇、三式、讖諱、理數（陰陽五行）、雜術（其他）。而未收天文、曆譜、算術、宗教方術、醫學。

術數思想與發展——從術到學，乃至合道

我國術數是由上古的占星、卜筮、形法等術發展下來的。其中卜筮之術，是歷經夏商周三代而通過「龜卜、蓍筮」得出卜（筮）辭的一種預測（吉凶成敗）術，之後歸納並結集成書，此即現傳之《易

經》。經過春秋戰國至秦漢之際，受到當時諸子百家的影響、儒家的推崇，遂有《易傳》等的出現，原本是卜筮術書的《易經》，被提升及解讀成有包涵「天地之道（理）」之學。因此，《易・繫辭傳》曰：「易與天地準，故能彌綸天地之道。」

漢代以後，易學中的陰陽學說，與五行、九宮、干支、氣運、災變、律曆、卦氣、讖緯、天人感應說等相結合，形成易學中象數系統。而其他原與《易經》本來沒有關係的術數，如占星、形法、選擇，亦漸漸以易理（象數學說）為依歸。《四庫全書・易類小序》云：「術數之興，多在秦漢以後。要其旨，不出乎陰陽五行，生尅制化。實皆《易》之支派，傳以雜說耳。」至此，術數可謂已由「術」發展成「學」。

及至宋代，術數理論與理學中的河圖洛書、太極圖、邵雍先天之學及皇極經世等學說給合，通過術數以演繹理學中「天地中有一太極，萬物中各有一太極」（《朱子語類》）的思想。術數理論不單已發展至十分成熟，而且也從其學理中衍生一些新的方法或理論，如《梅花易數》、《河洛理數》等。

在傳統上，術數功能往往不止於僅僅作為趨吉避凶的方術，及「能彌綸天地之道」的學問，亦有其「修心養性」的功能，「與道合一」（修道）的內涵。《素問・上古天真論》：「上古之人，其知道者，法於陰陽，和於術數。」數之意義，不單是外在的算數、歷數、氣數，而是與理學中同等的「道」、「理」--心性的功能，北宋理氣家邵雍對此多有發揮：「聖人之心，是亦數也」、「萬化萬事生乎心」、「心為太極」。《觀物外篇》：「先天之學，心法也。……蓋天地萬物之理，盡在其中矣，心一而不分，則能應萬物。」反過來說，宋代的術數理論，受到當時理學、佛道及宋易影響，認為心性本質上是等同天地之太極。天地萬物氣數規律，能通過內觀自心而有所感知，即是內心也已具備有術數的推演及預測、感知能力；相傳是邵雍所創之《梅花易數》，便是在這樣的背景下誕生。

《易・文言傳》已有「積善之家，必有餘慶；積不善之家，必有餘殃」之說，至漢代流行的災變說及讖緯說，我國數千年來都認為天災，異常天象（自然現象），皆與一國或一地的施政者失德有關；下至家族、個人之盛衰，也都與一族一人之德行修養有關。因此，我國術數中除了吉凶盛衰理數之外，人心的德行修養，也是趨吉避凶的一個關鍵因素。

術數與宗教、修道

在這種思想之下，我國術數不單只是附屬於巫術或宗教行為的方術，又往往是一種宗教的修煉手段--通過術數，以知陰陽，乃至合陰陽（道）。「其知道者，法於陰陽，和於術數。」例如，「奇門遁甲」術中，即分為「術奇門」與「法奇門」兩大類。「法奇門」中有大量道教中符籙、手印、存想、內煉的內容，是道教內丹外法的一種重要外法修煉體系。甚至在雷法一系的修煉上，亦大量應用了術數內容。此外，相術、堪輿術中也有修煉望氣（氣的形狀、顏色）的方法；堪輿家除了選擇陰陽宅之吉凶外，也有道教中選擇適合修道環境（法、財、侶、地中的地）的方法，以至通過堪輿術觀察天地山川陰陽之氣，亦成為領悟陰陽金丹大道的一途。

易學體系以外的術數與的少數民族的術數

我國術數中，也有不用或不全用易理作為其理論依據的，如揚雄的《太玄》、司馬光的《潛虛》。也有一些占卜法、雜術不屬於《易經》系統，不過對後世影響較少而已。

外來宗教及少數民族中也有不少雖受漢文化影響（如陰陽、五行、二十八宿等學說。）但仍自成系統的術數，如古代的西夏、突厥、吐魯番等占卜及星占術，藏族中有多種藏傳佛教占卜術、苯教占卜術、擇吉術、推命術、相術等；北方少數民族有薩滿教占卜術；不少少數民族如水族、白族、布朗族、佤族、彝族、苗族等，皆有占雞（卦）草卜、雞蛋卜等術，納西族的占星術、占卜術，彝族畢摩的推命術、占卜術……等等，都是屬於《易經》體系以外的術數。相對上，外國傳入的術數以及其理論，對我國術數影響更大。

曆法、推步術與外來術數的影響

我國的術數與曆法的關係非常緊密。早期的術數中，很多是利用星宿或星宿組合的位置（如某星在某州或某宮某度）付予某種吉凶意義，并據之以推演，例如歲星（木星）、月將（某月太陽所躔之宮次）等。不過，由於不同的古代曆法推步的誤差及歲差的問題，若干年後，其術數所用之星辰的位置，已與真實星辰的位置不一樣了；此如歲星（木星），早期的曆法及術數以十二年為一周期（以應地支），與木星真實周期十一點八六年，每幾十年便錯一宮。後來術家又設一「太歲」的假想星體來解決，是歲星運行的相反，週期亦剛好是十二年。而術數中的神煞，很多即是根據太歲的位置而定。又如六壬術中的「月將」，原是立春節氣後太陽躔娵訾之次而稱作「登明亥將」，至宋代，因歲差的關係，要到雨水節氣後太陽才躔娵訾之次，當時沈括提出了修正，但明清時六壬術中「月將」仍然沿用宋代沈括修正的起法沒有再修正。

由於以真實星象周期的推步術是非常繁複，而且古代星象推步術本身亦有不少誤差，大多數術數除依曆書保留了太陽（節氣）、太陰（月相）的簡單宮次計算外，漸漸形成根據干支、日月等的各自起例，以起出其他具有不同含義的眾多假想星象及神煞系統。唐宋以後，我國絕大部分術數都主要沿用這一系統，也出現了不少完全脫離真實星象的術數，如《子平術》、《紫微斗數》、《鐵版神數》等。後來就連一些利用真實星辰位置的術數，如《七政四餘術》及選擇法中的《天星選擇》，也已與假想星象及神煞混合而使用了。

隨着古代外國曆（推步）、術數的傳入，如唐代傳入的印度曆法及術數，元代傳入的回回曆等，其中我國占星術便吸收了印度占星術中羅睺星、計都星等而形成四餘星，又通過阿拉伯占星術而吸收了其中來自希臘、巴比倫占星術的黃道十二宮、四大（四元素）學說（地、水、火、風），並與我國傳統的二十八宿、五行說、神煞系統並存而形成《七政四餘術》。此外，一些術數中的北斗星名，不用我國傳統的星名：天樞、天璇、天璣、天權、玉衡、開陽、搖光，而是使用來自印度梵文所譯的：貪狼、巨門、祿存、文曲，廉貞、武曲、破軍等，此明顯是受到唐代從印度傳入的曆法及占星術所影響。如星命術中的《紫微斗數》及堪輿術中的《撼龍經》等文獻中，其星皆用印度譯名。及至清初《時憲曆》，置閏之法則改用西法「定氣」。清代以後的術數，又作過不少的調整。

此外，我國相術中的面相術、手相術，唐宋之際受印度相術影響頗大，至民國初年，又通過翻譯歐西、日本的相術書籍而大量吸收歐西相術的內容，形成了現代我國坊間流行的新式相術。

陰陽學——術數在古代、官方管理及外國的影響

術數在古代社會中一直扮演着一個非常重要的角色，影響層面不單只是某一階層、某一職業、某一年齡的人，而是上自帝王，下至普通百姓，從出生到死亡，不論是生活上的小事如洗髮、出行等，大事如建房、入伙、出兵等，從個人、家族以至國家，從天文、氣象、地理到人事、軍事，從民俗、學術到宗教，都離不開術數的應用。我國最晚在唐代開始，已把以上術數之學，稱作陰陽（學），行術數者稱陰陽人。（敦煌文書、斯四三二七唐《師師漫語話》：「以下說陰陽人謾語話」，此說法後來傳入日本，今日本人稱行術數者為「陰陽師」）。一直到了清末，欽天監中負責陰陽術數的官員中，以及民間術數之士，仍名陰陽生。

古代政府的中欽天監（司天監），除了負責天文、曆法、輿地之外，亦精通其他如星占、選擇、堪輿等術數，除在皇室人員及朝庭中應用外，也定期頒行日書、修定術數，使民間對於天文、日曆用事吉凶及使用其他術數時，有所依從。

我國古代政府對官方及民間陰陽學及陰陽官員，從其內容、人員的選拔、培訓、認證、考核、律法監管等，都有制度。至明清兩代，其制度更為完善、嚴格。

宋代官學之中，課程中已有陰陽學及其考試的內容。（宋徽宗崇寧三年〔一一零四年〕崇寧算學令：「諸學生習……並曆算、三式、天文書。」「諸試……三式即射覆及預占三日陰陽風雨。天文即預

定一月或一季分野災祥，並以依經備草合問為通。」

金代司天臺，從民間「草澤人」（即民間習術數人士）考試選拔：「其試之制，以《宣明曆》試推步，及《婚書》、《地理新書》試合婚、安葬，並《易》筮法，六壬課、三命、五星之術。」（《金史》卷五十一・志第三十二・選舉一）

元代為進一步加強官方陰陽學對民間的影響、管理、控制及培育，除沿襲宋代、金代在司天監掌管陰陽學及中央的官學陰陽學課程之外，更在地方上增設陰陽學課程（《元史・選舉志一》：「世祖至元二十八年夏六月始置諸路陰陽學。」）地方上也設陰陽學教授員，培育及管轄地方陰陽人。（《元史・選舉志一》：「（元仁宗）延祐初，令陰陽人依儒醫例，於路、府、州設教授員，凡陰陽人皆管轄之，而上屬於太史焉。」）自此，民間的陰陽術士（陰陽人），被納入官方的管轄之下。

至明清兩代，陰陽學制度更為完善。中央欽天監掌管陰陽學，明代地方縣設陰陽學正術，各州設陰陽學典術，各縣設陰陽學訓術。陰陽人從地方陰陽學肄業或被選拔出來後，再送到欽天監考試。（《大明會典》卷二二三：「凡天下府州縣舉到陰陽人堪任正術等官者，俱從吏部送（欽天監），考中，送回選用；不中者發回原籍為民，原保官吏治罪。」）清代大致沿用明制，凡陰陽術數之流，悉歸中央欽天監及地方陰陽官員管理、培訓、認證。至今尚有「紹興府陰陽印」、「東光縣陰陽學記」等明代銅印，及某某縣某某之清代陰陽執照等傳世。

清代欽天監漏刻科對官員要求甚為嚴格。《大清會典》「國子監」規定：「凡算學之教，設肄業生。滿洲十有二人，蒙古、漢軍各六人，於各旗官學內考取。漢十有二人，於舉人、貢監生童內考取。附學生二十四人，由欽天監選送。教以天文演算法諸書，五年學業有成，舉人引見以欽天監博士用，貢監生童以天文生補用。」學生在官學肄業、貢監生肄業或考得舉人後，經過了五年對天文、算法、陰陽學的學習，其中精通陰陽術數者，會送往漏刻科。而在欽天監供職的官員，《大清會典則例》「欽天監」規定：「本監官生三年考核一次，術業精通者，保題升用。不及者，停其升轉，再加學習。如能黽勉供職，即予開復。仍不及者，降職一等，再令學習三年，能習熟者，准予開復，仍不能者，黜退。」除定期考核以定其升用降職外，《大清律例》中對陰陽術士不準確的推斷（妄言禍福）是要治罪的。《大清律例・一七八・術七・妄言禍福》：「凡陰陽術士，不許於大小文武官員之家妄言禍福，違者杖一百。其依經推算星命卜課，不在禁限。」大小文武官員延請的陰陽術士，自然是以欽天監漏刻科官員或地方陰陽官員為主。

官方陰陽學制度也影響鄰國如朝鮮、日本、越南等地，一直到了民國時期，鄰國仍然沿用着我國的多種術數。而我國的漢族術數，在古代甚至影響遍及西夏、突厥、吐蕃、阿拉伯、印度、東南亞諸國。

術數研究

術數在我國古代社會雖然影響深遠，「是傳統中國理念中的一門科學，從傳統的陰陽、五行、九宮、八卦、河圖、洛書等觀念作大自然的研究。……傳統中國的天文學、數學、煉丹術等，要到上世紀中葉始受世界學者肯定。可是，術數還未受到應得的注意。術數在傳統中國科技史、思想史，文化史、社會史，甚至軍事史都有一定的影響。……更進一步了解術數，我們將更能了解中國歷史的全貌。」（何丙郁《術數、天文與醫學中國科技史的新視野》，香港城市大學中國文化中心。）

可是術數至今一直不受正統學界所重視，加上術家藏秘自珍，又揚言天機不可洩漏，「（術數）乃吾國科學與哲學融貫而成一種學說，數千年來傳衍嬗變，或隱或現，全賴一二有心人為之繼續維繫，賴以不絕，其中確有學術上研究之價值，非徒癡人說夢，荒誕不經之謂也。其所以至今不能在科學中成立一種地位者，實有數因。蓋古代士大夫階級目醫卜星相為九流之學，多恥道之；而發明諸大師又故為惝恍迷離之辭，以待後人探索；間有一二賢者有所發明，亦秘莫如深，既恐洩天地之秘，復恐譏為旁門左道，始終不肯公開研究，成立一有系統說明之書籍，貽之後世。故居今日而欲研究此種學術，實一極困難之事。」（民國徐樂吾《子平真詮評註》，方重審序）

現存的術數古籍，除極少數是唐、宋、元的版本外，絕大多數是明、清兩代的版本。其內容也主要是明、清兩代流行的術數，唐宋或以前的術數及其書籍，大部分均已失傳，只能從史料記載、出土文獻、敦煌遺書中稍窺一鱗半爪。

術數版本

坊間術數古籍版本，大多是晚清書坊之翻刻本及民國書賈之重排本，其中豕亥魚魯，或任意增刪，往往文意全非，以至不能卒讀。現今不論是術數愛好者，還是民俗、史學、社會、文化、版本等學術研究者，要想得一常見術數書籍的善本、原版，已經非常困難，更遑論如稿本、鈔本、孤本等珍稀版本。在文獻不足及缺乏善本的情況下，要想對術數的源流、理法、及其影響，作全面深入的研究，幾不可能。

有見及此，本叢刊編校小組經多年努力及多方協助，在海內外搜羅了二十世紀六十年代以前漢文為主的術數類善本、珍本、鈔本、孤本、稿本、批校本等數百種，精選出其中最佳版本，分別輯入兩個系列：

一、心一堂術數古籍珍本叢刊

二、心一堂術數古籍整理叢刊

前者以最新數碼（數位）技術清理、修復珍本原本的版面，更正明顯的錯訛，部分善本更以原色彩色精印，務求更勝原本。并以每百多種珍本、一百二十冊為一輯，分輯出版，以饗讀者。

後者延請、稿約有關專家、學者，以善本、珍本等作底本，參以其他版本，古籍進行審定、校勘、注釋，務求打造一最善版本，方便現代人閱讀、理解、研究等之用。

限於編校小組的水平，版本選擇及考證、文字修正、提要內容等方面，恐有疏漏及舛誤之處，懇請方家不吝指正。

心一堂術數古籍珍本叢刊編校小組
心一堂術數古籍整理叢刊編校小組

二零零九年七月序

二零一四年九月第三次修訂

韋千里小影

千里先生
福緣善慶
孔祥熙

千里先生
語不離經
于右任

千里先生
大哉其神
馬占山題

千里先生 惠存
闡揚國學
許世英

千里先生
人生指津
白崇禧

千里先生
先覺覺人
朱慶瀾

千里先生
其道無窮
周召剛

千里先生
匠心獨運
[illegible]張題

千里先生正
自覺覺他
許崇灝

精選命理約言

許世英題

袁序

丁巳夏月。珊因事赴金閶。走謁張師敬甫。得見精鈔本子平約言一冊。著者爲陳素庵先生。諱之遴。字彥升。素庵其別號也。先生乃浙江海寧人。崇禎丁丑榜眼。明官中允。順治四年授祕書院侍讀學士。洊遷禮部尚書。九年拜大學士。被謫。康熙五年卒於盛京。就其書凡例目錄觀之。全書當爲十卷。此一冊僅二卷也。然卽此二卷。反覆雒誦。知先生貫徹儒宗。旁通百子。於命學尤有心得。故能於諸家利弊。各集異同。抉奧提綱。溯源竟委。雖有偏激之處。要亦不失爲仁人之言。癸亥冬。上虞金松濤君。復郵示是書。起自卷一下。總綱賦。終於卷三下。看小兒法。而卷四至卷十。概付闕如。珊雖有付梓壽世之心。然猶以未成完璧爲憾。歲丙寅。海上文化書局。索珊命理探原增訂稿。遂選是書之最精湛者。一十九篇以應之。辛未秋。紹興蔣君清渠善灣與珊頻通問訊。商榷命學。偶爾論及是書。承謂其同學河北宣君仲策國勛。家有藏本。戚黨袁君幼安肇基。又藏有命理輯要滴天髓輯要二書。云皆出自素庵先生手。珊聞之劇喜。乃函乞假觀之。清渠忠於謀人。樂此不疲。果如期而至。以張師約言全目。與宣本約言三四卷互校。篇目均同。毫無乖異。至袁君所藏輯要兩種。適爲張師目錄中第五至第十等卷所缺者。僅玉井奧訣而已。然此書通會曾採錄之。不難彙集。惟宣本約言缺起例三十六則。珊當即補錄寄之。蓋是書向無刊本。展轉抄傳。好惡不同。故繁簡各別也。珊與清渠約。謂是書爲命學中最有價値之著作。珊當力任雕鐫。公諸同好。徒以筆耕栗六。因循未果。中懷歉然。今春韋君千里。忽以鉛印精選約言見示。不以珊爲譾劣。介清渠索珊爲序。珊觀其爲書四卷。雖非素庵全豹。而精義妙論、盡具於斯。且編次有類張師鈔本其詮注之賦二十篇。要言不煩。最便初學。至雜論節去十二則。尤有見地。不得以割愛病之。韋君與珊不相識。觀其刊印遺書。闡揚先哲。熱心毅力。實有足多者。惜約言全書凡例。韋君未經寓目。茲補錄於後。以當序言。韋君其許我否乎。

命理約言原書十卷凡例

卷之一上

方圓無窮。必因規矩。術家諗悉。初學未詳。作起例三十六則。

卷之一下

分別義類。綱舉目張。撰爲韻言。用便誦悉。作賦二十篇。

卷之二上

幹支陰陽。窮精析理。神煞紛錯。擇焉貴精。作論二十四篇。

卷之二下
推測多端。厥理繁賾。約略立式。變通在人。作法一十四篇。
卷之三上
正變殊俗。精當則同。穿鑿支離。姑舍勿取。作法二十篇。
卷之三下
周親榮悴。終世窮通。其式不齊。要歸立命。作法一十四篇。
卷之四上
往讀所垂。致用恐泥。謬說尤夥。闢之廓如。作法二十四篇。
卷之四下
探索剩義。考論舊聞。有見輒書。厥類難析。作雜論四十則。
卷之五六七

命家撰者玉石雜陳。精者全鈔。次乃節取。纂舊書上三卷。
卷之八九十
徵言快論。二家較優。哲士引伸。豈云小補。纂舊書下三卷。
民國二十二年歲次癸酉春二月辛酉朔越二十有六日丙戌春分節鎮江
袁樹珊識於雲臺山麓之潤德堂

蔣序

命書傳世。不知凡幾。予閱書無多。就所知者。以「命理約言」「命理析疑」「命理輯要」「滴天髓輯要」及「子平真詮」爲最精確。約言一書。曩在硯友宣仲策(國勳)處見之。說其先人宦遊京師。手鈔遺傳。予擇要錄存若干則。以備參攷。予世居紹興。雖不以談命爲生涯。然於讀律之暇。喜習命學。尤喜與各地談命家。互相探討。交換意識。鎮江袁公樹珊(阜)精醫術。擅命理。予慕名求教。承不棄。時通訊焉。偶及約言書。袁公以未窺全豹爲憾。囑予寄閱。予向宣友商借原抄本。就袁公之所缺者。錄而補之。宣本缺起例三十六則。蒙袁公錄示。遂爲宣本補入。予復向戚屬袁幼安(肇基)借抄命理輯要及滴天髓輯要。陸續郵寄袁公。俾成全璧。袁公與予約。以約言書最有價值。世少刊本。擬謀付剞劂。以供同好。予韙之。乃事閱數年。未見實現。去歲嘉興韋君千里。蒙以研究命理訂交。彼此通訊頻頻。兼由韋介紹其至好張恆夫先生。亦時以命學相問難。韋係名術家邈道人哲嗣。年少英俊。學有心得。予聞韋有搜輯命理學說。參以平日談命所得。彙刊成書之議。予即將約言寄供採擇。韋謂書中所述學說。與其意見不謀而合。予遂促其致力於是書。詳加詮註。付印問世。以揚先著。不必另輯矣。韋然之。閱半載。稿成。仍存原名。紀實也。由予函請袁公樹珊撰述序文。其中原委。詳見袁序中。予不贅述。惟命書尚有命理析疑。亦無刊本。名著湮沒。予深惜之。韋君輯書既竣。囑予校正。幷索序焉。予自知學術荒蕪。言之無文。爰陳梗概。誌諸簡端。是爲序。

中華民國二十二年。歲在癸酉。暮春中浣。浙江紹興蔣善瀠清渠甫序於古越魚化橋畔桂蔭館。

韋序

孔子罕言命。而有時亦常言命。豈前後兩異哉。蓋賦命在天。知命在人。人人有命。未必人人皆知。所謂知者。非學問不能造其極。非閱歷不能竟其功。故曰君子居易以俟命。又曰五十而知天命。魯論終篇更曰不知命無以爲君子。聖人勉人知命之意。顧不深且遠哉。千里年纔弱冠。學復荒蕪。薄技片長。閱歷膚淺。敢謂知命耶。惟憶十二歲時。隨　先君子石泉公誦讀子平諸書。先君子諭余曰。學命豈易事哉。必也二事兼備。始可見功。其一多看書。其二多看命。多看書則學術精。多看命則經驗富。二者不可偏廢。孟子有云。盡信書則不如無書。書中之言。能盡是耶。即盡是矣。能盡達耶。必須以今人之命。參合古人之書。久而久之。自能融會貫通。孰是孰非。不難洞若觀火。斯言也。

小子志之不敢忘。及年十八。先君子見背。余以趨庭所聞。及閱書所得。日與士大夫朝夕研求。反復討論。積五年之久。閱命三萬餘。差幸有所獲。更覺泥古者。不足以談命。先君子向謂學命不能徒讀書者。至此益信。邇來朋好中。有囑余將近年心得筆之於書。以備遺忘者。奈俗務紛紜。猶未整理就緒。心恆歉焉。客夏紹興蔣清渠先生。忽以清初陳素庵相國。所著命理約言四卷見示。余拜讀至再。欽佩莫名。蓋余所欲言者。陳書中已先我言之。余所不敢言不能言者。陳書中已振襟搖筆。侃侃而言之矣。且識見高超。議論透闢。誠爲命書中唯一之傑作。不獨文章典雅。考據詳明已也。清渠謂是書乃友人宣君仲策。家藏鈔本。世少流傳。君如謀諸剞劂。必可紙貴洛陽。余遂不辭狂瞽。力任校刊。其篇目略爲更動。間有無關切要者。則稍從割愛。賦二十篇。乃論命之精華。余略加詮註。俾初學者讀之。得以由淺入深。高明者讀之。得以因同考異。蛇足之譏。知所不免。稿成。質之淸渠先生。復蒙謬以精選許之。因是命名爲精選命理約言。先生又謂是書湮沒人世。垂三百年。今竟賴君毅力。得以公諸天下。使命學日進昌明。則人人知命。人人守分。上無戰爭之害。下無攘奪之虞。其功不亦大哉。余唯唯。不敢承。茲因刊印事蕆。爰志得書之緣起如此。尚望巨碩宏達。進而教之。則幸甚矣。

民國癸酉春日浙江嘉興韋千里謹識於滬江寓次

精選命理約言目錄

卷一 法四十八篇

卷二 論四十八篇

卷四

雜論二十四則

附張神峯闢五行諸謬論十一則

越州胖漢通訊批命潤例

民國癸亥年七月重訂

單批　國幣兩元

雙批　國幣肆元

細批　國幣拾元

謝絕面談。先潤後批。七日繳件。回信地址。開示淸楚。郵資外加。一角三分。親友惠顧。素手不應。幸勿見責。

通訊處　浙江紹興縣城內魚化橋河沿。蔣德華君收轉

精選命理約言 卷一

嘉興韋千里選輯

法 四十八篇

■看命總法

看命大法。不過生尅扶抑而已。列下四柱。先看日干是何五行。隨看月支。或是生我尅我或是我生我尅。如月支本氣透於天干。寅透甲。午透丁。卽取爲格。係正官。食神。偏財。偏印。則宜生之助之。係偏官。傷官。則宜制之化之。若本氣未透遭尅。則寅不用甲而用所藏之丙戊。午不用丁而用所藏之己。若所藏之神。又不透遭尅。則不用月支。而用別干支之勢盛力旺者爲格。其祿刃比刼。無論在干在支。均不以取格。但用爲日干之助耳。總之以日干與財官等較其强弱、强者抑之。弱者扶之。局不能扶抑者。以運扶抑之。其必不可扶者則棄之。必不可抑者則順之。惟合化格。一氣兩神格。暗沖暗合格。不在此例。總之淺而易見者小。清而難測者大。清而有神者貴。濁而無氣者賤。純粹中和者貴而安。奇怪偏駁者貴而危。或謂太平之世取正。有事之秋取奇。余嘗閱古今之命數萬。承平安樂。儘多七煞傷官。開創經綸不少正官正印。特奇正之命。世多世少。氣運偶然。非奇者生太平之世必無用。正者生有事之世必不貴也。

■看命總法二

推命先看日干。或得時。或失時。或得勢。或失勢。下坐某支。緊貼某干。於日干生尅扶抑何如。隨看餘三干及四支。於日干生尅扶抑何如。此恆法也。然不特日干而已。凡柱中干支皆當如此研究。如看年干。先看得時得勢否。下坐何支。緊貼何干。於年干生尅扶抑何如。隨看餘三干及四支。於年干生尅扶抑何如。月干時干亦然。如看年支。先看得時得勢否。上載何干。緊貼何支。於年支生尅扶抑何如。隨看餘三支及四干。於年支生尅扶抑何如。月日時支亦然。如此一一研究的確。然後用之爲官殺爲財印。爲食傷。其是强是弱。當用當舍。自然精當無差。洞澈不惑矣。此看命第一要訣也。

■看格局法

格局有正有變。正者五行之常理也。曰正官。曰偏官。曰印。曰財。曰食神。曰傷官。變者亦五行之常理。而取用則異矣。曰從。曰化。曰一行得氣。曰兩神成象。曰暗衝。曰暗合。凡正格未有不相兼者。官殺必兼印財。印財必兼官殺。食傷必兼印財。推之須詳。取之須確。變格更宜精審。從化須極真。一行兩神須無雜。暗冲暗合須至當。俱勿依稀妄取。開列於左。

■正官格。兼印曰官印格 兼財曰財官格

■偏官格。兼印曰殺印格 兼財曰財殺格

■印格。兼官曰官印格 兼殺曰殺印格

■財格。兼官曰財官格 兼殺曰財殺格

■食神格。用殺曰食神制殺格 用財曰食神生財格

■傷官格。取印曰傷官用印格 取財曰傷官生財格

■從格。日主無根滿局皆官曰從官格 日主無根滿局皆財曰從財格 日主無根滿局皆傷曰從傷格 日主無根滿局皆殺曰從殺格 日主無根滿局皆食曰從食格

■化格。甲日合己月或己時 己日合甲月或甲時 曰化土格。

乙日合庚月或庚時 庚日合乙月或乙時 曰化金格。

丙日合辛月或辛時 辛日合丙月或丙時 曰化水格。

丁日合壬月或壬時曰化木格。
壬日合丁月或丁時
戊日合癸月或癸時曰化火格。
癸日合戊月或戊時

■一行得氣格。

木日全寅卯辰木方
或亥卯未木局曰曲直格。

火日全巳午未火方
或寅午戌火局曰炎上格。

金日全申酉戌金方
或巳酉丑金局曰從革格。

水日全亥子丑水方
或申子辰水局曰潤下格。

土日全辰戌丑未局曰稼穡格。

■兩神成象格。

水木各占二干二支曰水木相生格
木火各占二干二支曰木火相生格
火土各占二干二支曰火土相生格
土金各占二干二支曰土金相生格
金水各占二干二支曰金水相生格
木土各占二干二支曰木土相成格
土水各占二干二支曰土水相成格
水火各占二干二支曰水火相成格

火金各占二干二支曰火金相成格
金木各占二干二支曰金木相成格

■暗衝格。丙午日午多冲子
丁巳日巳多冲亥 曰冲官格。
庚子壬子二日子多冲午
辛亥癸亥二日亥多冲巳 曰冲官格。
庚日申子辰
全冲寅午戌 曰暗冲格。

■暗合格。甲辰日辰多合酉
戊戌日戌多合卯
癸卯日卯多合戌
癸酉日酉多合辰 皆曰合官格。

以上正變諸格作用。或載於賦。或著於法。宜通閱之。

■看格局法二

五行之理。祇是生我尅我。我生我尅。但不設名目。不便推詳。故古人立官殺。印。財。食。傷之名。而六格出焉。然所謂官者。非誠官爵。所謂印者。非誠印章。所謂財者。非誠貲財。所謂食者。非誠祿食。所謂殺者。非誠殺害。所謂傷者。非誠損傷。故得時得局。殺傷可以富貴。失時失局。官印可以貧賤。大抵成格則爲上命。破格則爲下命。然有初看甚吉。而竟不吉。或吉凶相參者。初看甚凶。而竟不凶。或吉凶相參者。此乃柱中有暗神助格破格。而不易見也。又有細看仍吉而終不吉。或吉凶相參者。細看仍凶而終不凶。或吉凶相參者。此乃運中有暗神助格破格。而未及察也。且或卽此一字。而助格破格亦在此。是以吉處藏凶。凶中隱吉。昔賢諄諄言之。豈不精審乎。若人命更有令神無力。六神皆輕。不敢取某神爲格者。固多下命。亦有上命。此亦隨柱斟酌。逐運消詳。不必膠執取格也。至於諸變格。亦不外生尅之理。從局化局。則欲生扶其所從所化。不欲損尅其所從所化。一行得氣。則欲生扶此一行。不欲損尅此一行。兩神成象。則或相生。或相尅。欲清不欲混。暗沖暗合。則暗取尅我之神。欲虛不欲實。此其大略也。然變局有時似成矣。而竟不成。有時似不成矣。而竟有成。此亦吉藏凶凶隱吉耳。寧求全。毋姑取可也。

■看用神法

命以用神爲緊要。看用神之法。不過扶抑而已。凡弱者宜扶。扶之者。卽用神也。扶之太過。抑其扶者爲用神。扶之不及。扶其扶者爲用神。凡强者宜抑。抑之者卽用神也。抑之太過。抑其抑者爲用神。抑之不及。扶其抑者爲用神。如木弱扶之以水。水扶太過。制水以土。水扶不及。生水以金。木强抑之以金。金抑太過。制金以火。金抑不及。生金以土。至同類之相助。財氣之相資。亦扶也。生物洩其氣。克物殺其勢。亦抑也。是故有日主之用神焉。六神之扶抑日主者是也。有六神之用神焉。六神之互相扶抑者是也。六神之用神。卽爲日主用也。有原局之用神焉。局中本具之扶抑是也。有行運之用神焉。運中補足之扶抑是也。行運之用神。卽爲原用局也。用神無破爲吉。有助則更吉。用神有損爲凶。無救則更凶。命譬之身。用神譬之身之精神。精神厚則身旺。精神薄則身衰。精神長存則身生。精神壞盡則身死。看命者。看用神而已矣。然取用神之法。雖當專一而不眩。亦宜變通而勿拘。如正偏官格。有時制化互用。甚或生制參用。況行運數十年。無俱木俱金之理。嘗見大富貴之命。不恃一神爲用。其專恃一神者。乃補偏救弊之命耳。抑更有說焉。有體而後有用。日主六神體也。扶抑日主六神者。用也。苟日主六神。或强不可制。或衰不堪扶。或散漫無倫。或戰爭不定。是則體先不成。用於何有。其爲下命决矣。

▣看生年法一

古時以生年干支論命。後來專主日干。然生年終爲根本。年干重於月干。年支重於月支。若得時得勢。氣力較大。其干支力亦相等。術者多有重年干。輕年支者。蓋惑於流年重天干之說。謂柱中亦然耳。無論干支共司一歲之事。

卽如種種神煞。從年干起者少。從年支起者多。何容妄有軒輊乎。若舊書所載歲德扶官扶殺扶財等格。則又不然。夫五陽干爲歲德。五陰干爲歲德合。安可混以德稱。且官殺財可扶。印食何不可扶。況殺非吉神。方將制之化之。奈何扶之。總之合四柱干支取斷。斯無弊之道耳。

看月令法二

格局先取當令。次取得勢。（詳於賦中）若日主之爲旺爲弱。官殺財印食傷之爲旺爲弱。亦先以月令推之。如木在春月爲旺。在驚蟄以後。谷雨以前。爲尤旺。在秋月爲弱。在白露以後。霜降以前。爲尤弱。或黨多援衆。則秋木亦旺。勢孤克衆。則春木亦弱。餘倣此。神峯張楠謂生本月之氣。反不能任尅。止可一二點尅神。多尅必倒。生受尅之月。而有生扶者。反能任尅。試之屢驗。以爲理外之見。余考舊命誠有之。此盛衰倚伏。亦非理外也。若令支所藏。或二神。

或三神，其取用之法。如甲生寅月。先論甲木。次論丙火戊土。或寅字損壞無氣，則取丙戊。或寅字雖無損傷。而丙戊中有一透干成象者。則亦取之。否則無舍甲而用丙戊者。餘支皆然。舊書謂行運必不可沖月令。沖必不利。夫人生六十歲左右。不論順逆。運無不沖令者。多有安富尊榮。豈皆不利乎。且格局有不恃令神者。又有令神強旺。不畏沖者。何可概論乎。惟原命止恃此令神而令神本來單弱。則誠不可沖耳。

■看月令法二

舊書十二月支中所藏諸干。俱分日用事。相沿既久。遵若金科玉律。但實理不然。推本論之。寅卯只是甲乙木。巳午只是丙丁火。申酉只是庚辛金。亥子只是壬癸水。辰戌丑未只是戊己土。若亥有甲。寅有丙。巳有庚。申有壬。蓋木火金水生地之故。未有乙。戌有丁。丑有辛。辰有癸。蓋木火金水墓地之故。辰又有乙。未又有丁。戌又有辛。丑又有癸。蓋木火金水餘氣之故。寅巳又有戊。午又有己。蓋土隨火母生旺之故。總之但有其氣。非能分諸支之位。而各得若干日也。惟有其氣。故論命者必兼取之。惟不能分其位。故論命者必以本支爲主。而後及其所藏也。今列舊例於左。若果如其所分。則巳有戊。猶可言也。亥有戊。寅申有己。有是理乎。古今論命。曾有遇亥月而取戊。遇寅申月而取己者乎。且又牽於土生申之說。故於申中混列戊己共七日。夫諸支皆分某干若干日。申中何不明分戊若干日。己若干日乎。論命逢申。將取戊乎。取己乎。舊書陰生於子午卯酉。則子午卯酉中當亦分乙丁辛癸各若干日。何以止言長生。而不分日乎。陽之所墓。既能分日。陰之所墓。何不亦分日乎。四時止有三百六十五日。乃每支中諸干皆共三十一日。豈非四時共三百七十二日乎。種種難通。將何說以處此。則各干分日。萬不可拘矣。

舊例

子。壬十日三分半　癸二十日六分半
辛長生

丑。癸九日三分　辛三日一分
己十八日六分

寅。丙七日三分半　己七日二分半
甲十六日五分

卯。甲十日三分一錢　乙二十日六分半
癸長生

辰。乙九日三分　癸三日一分
戊十八日六分

巳。庚七日二分半　戊七日二分半
丙十六日五分半

午。丙十日三分半　己九日三分
丁十一日三分半

未。丁九日三分　乙三日一分
己十八日六分

申。戊己七日二分一錢　壬七日二分半
庚十六日三分

酉。庚十日三分半　辛二十日六分半
丁長生

戌。辛九日三分 丁三日一分
戊十八日六分
亥。戊七日三分半 甲七日二分半
壬十六日五分

再考歷法。木火金水分旺四時。各七十二日。土旺四季。各十八日。立春日始。甲木用事三十六日。驚蟄後六日。乙木用事三十六日。清明後十二日。戊土用事十八日。餘仿此。是則卯月前六日。當用甲不用乙。辰月前十二日。當用乙不用戊癸。然昔人論命。甲木生卯月前六日。取卯爲刃。不以爲本氣。生辰月前十二日。先論季土。次取透干之乙癸。未有竟取乙者。蓋旣已分建。卯自當從乙。辰自當從戊。且命法不同歷法也。

■看日主法

舊書論日主。或專主强旺。或反尙衰弱。蓋以太强則得抑有力。太弱則得扶立效。此卽有病方爲貴之說。皆偏見也。凡日主最貴中和。自然吉多凶少。日主太强太弱。自然吉少凶多。惟可抑之强。可扶之弱。則存乎作用耳。作用之法。如木日强則用金尅之。用火泄之。木日弱則用水生之。用木助之。若得土而殺其勢。亦所以抑之。借土而培其根。亦所以扶之。其要歸諸中和而已。舊謂男命日主不嫌於强。然過强則亦取咎。女命日主不嫌於弱。然過弱則亦受虧。至於日主所坐之支。較爲親切。但坐財官等吉神。亦須四柱透露扶助。坐傷刼等凶神。四柱亦能伐而去之。非坐下一支。遂定休咎也。

■看生時法一

自日干而外。三干四支。均各關係。而時尤要緊。蓋時乃全局之歸宿。必將日主引至時上。喜生旺。惡衰絕。凡局中喜神。引至時上。生旺則愈吉。衰絕則不吉。局中忌神。引至時上。生旺則愈凶。衰絕則不凶。又有喜神過旺。喜時上尅之泄之。凶神無制。喜時上尅之化之。較爲得力。若日干苟非太過。未有不喜時上生旺者。即日主太過。亦喜時上尅泄。然死絕非所宜耳。或曰時既緊要如此。則以時取格何不可。不知歸宿特重生時。格局須合全柱。何可概論乎。

▣看生時法二

舊有時分上中下刻之說。謂四柱同。而窮達不同。職此故也。其說似乎精晰。然昔賢論此者甚少。偶有及之者。不過謂時支分刻用事。亦若月支分日用事耳。如寅時一二刻。則丙火用事。三四刻則戊土用事。後四刻則甲木用事。夫月支尙無分日用事之理。安有一時之間。某刻金水當權。某刻木火司柄者乎。若時支如是。則日支亦然。何不分昧爽以前某神用事。日出以後某神用事。日中以後。某神用事乎。不知生於某月。不拘何日。月支之氣俱備。生於某時。不拘何刻。時支之氣俱備。如生寅時。不拘何刻。甲丙戊之氣俱備。只看三者之中。何神得時得勢則用之。何神失時失勢則舍之。如是取斷。於理最當。勿信分刻虛談可也。

看運法一

舊書謂一運上干下支。分管年數。率謂上下各五年。又有因運重地支之說。或謂上四下六。或謂上三下七。其實皆不然也。蓋行運從月建而起順行者。行未來之月建。逆行者。行已往之月建。凡月建干支。共管一月之事。無干管上半月。支管下半月之理。乃因以行運。反分裂干支各管幾年。有是理乎。故上干下支。共管十年爲是。上下比和。上下相生。則其力相同。上尅下者。上之力勝於下。下尅上者。下之力勝於上。合之命主。上下俱喜。則十年全吉。上下俱忌。則十年全凶。上下一喜一忌。則十年之間。吉凶參半。此理之最確當者。但看上干較易。看下支較難。蓋干神甲只是甲。乙只是乙。惟支則各有所藏。須一一研析。如行運寅字。原柱有或甲或丙或戊。當察此運。某干得氣。再看上干是甲。則此運純然是木。上干是丙。則此運大半是火。上干是戊。則此運一半是土。餘支倣此。又上干與原柱干支。止論生尅。理亦易見。下支則與原柱干支生尅之外。更有相冲。相合。相刑。相害。種種道理。未易草率論斷也。

■看運法二

初運管少年。中運管中年。末運管晚年。此看運法也。更有舊法可參用者。即以四柱推論年管少年。月日管中年。時管晚年。若年爲喜神。則少年發達。爲忌神。則少年迍邅。月日爲喜神。則中年亨通。爲忌神。則中年蹇滯。時爲喜神。則晚年安榮。爲忌神。則晚年零落。此法屢試有驗。故附之。然但可約略少旺老之大概而已。若確分年限。詳斷吉凶。仍當以看運爲主耳。

■看流年法

自少至老之歲。謂之流年。雖不若大運之重。然於原柱及大運。亦能抑扶。其法合上干下支。先看與原柱干支生尅何如。次看與大運干支生尅何如。參伍而窮究之。柱運喜神相聚。能助吉乎。能損吉乎。柱運忌神交會。能增凶乎。能減凶乎。柱運或有不和。爲解鬬乎。爲佐鬬乎。柱運或有偏勝。爲左袒乎。爲右袒乎。雖柱與運之所喜憎。大略相同。然柱運流年三項干支。輾轉生尅。情理多端。亦有柱喜而運憎者。且一年之中。當令不齊。一支之中。藏神非一。其理甚紛甚細。既須窮精極微。又須從詳反約。推斷休咎之難。全在此處。果能了了於心。則命理思過半矣。

◻看正官法

看官之法。先論日干强弱。日干强則當扶官。日干弱則當扶日。再看官星得時得勢與否。適當月令。又透天干爲上。如甲生酉月。天干透辛。乙生申月。天干透庚是也。次則或當月令而不透干。或不當月令而干官通支。支官通干。

又次則干有支無支有干無。皆須財以生之。則官之根茂。印以衞之。則傷官之害遠。必須正財配偏印。偏財配正印。則財印不相戰。或財在干。印在支。或印在干。財在支。雖皆正皆偏。各有理會。亦不相戰也。若官星太多。亦須食傷制之。然不作殺論。其切忌有二。一曰冲破。一曰傷官。須忌有三。一曰食衆暗損。一曰印衆洩氣。一曰時歸死絕。大抵官之强旺者。遇此五忌。但減貴氣。官之衰弱者。遇此五忌。則壞矣。至於逢官看財。雖一定之理。然官衰倚財。以多爲貴。官旺亦不甚倚財。略見已足。行運之法。俱與看官法相同。總之日干能任財官爲要。苟日干太衰太旺。運局中又無生尅扶抑。卽財官俱有。亦不免貧賤。古云。小人命內。亦有正氣官星。蓋坐是耳。至於日主無氣。滿局皆官。當棄命從之。與從殺同法。然自是從官。非官多作殺也。若神峯張楠謂年時虛官可用。月令官星必無可用之理。此偏僻之見。不足深信。又舊書有官不見官之說。謂甲日見丙辛。則甲得辛爲官。辛又得丙爲官。此乃節外生枝。不足信也。

看偏官法

看殺之法。先論日干强弱。日干强。則一點殺星。亦可不制。日干弱。則不問殺之多寡。必須制之。再看殺星得時得勢與否。當令而又透干。爲殺旺。次則或當令而不透干。或不當令而干殺通支。支殺通干。又次則干有支無。支有干無。制之用食傷。食較有力。合之用刃刼。刃較有勢。化之用印。偏正同功。殺太旺。則制化兩用。但須食神配正印。傷官配偏印。則不相戰也。或食傷配正印。干支異處。各有理會。亦不相戰也。若刃刼合殺。陰日不如陽日。蓋甲用卯中之乙合庚。乃卯之本氣。乙用寅中之丙合辛。視本氣有間矣。甲用乙合庚。庚貪合則忘殺。乙用甲止能幫身。視合殺又有間矣。故陰日以制化爲急。若殺星太弱。宜財神滋之。制神太過。宜偏印破之。至殺星太强而無制。日主太弱而無根。宜棄命從之。總之日干能任財殺爲要。苟日干衰絕。又不能從殺。卽有制有化。歲運財殺旺地。必成災禍。倘更無制無化。歲運財殺旺地。無不危亡。若身殺兩停。行運寧可扶身。古云。殺不離印。印不離殺。又云。印無殺不顯。殺無刃不威。蓋印所以生日主。刃所以護日主。雖不言扶身。而扶身在其中矣。又有殺强於主。行殺運反利者。此必日主本非衰絕。而原局印綬成象有力。殺生印。印生身也。惟忌行財運。壞印助殺。則必爲禍矣。

■看官殺去留法一

官殺去留。須審其輕重。官重殺輕。必當去殺。蓋官乃淸純之氣。不可混也。殺重官輕。不必去官。蓋殺乃雄剛之氣。不畏混也。若官殺兩停。則當分去留。柱中傷官有力。則去官用殺。柱中食神有力。則去殺用官。舊書云。陽日食神能去殺。又能留官。如甲日得丙。能尅庚而去之。又能合辛而留之也。陰日傷官能去官。又能留殺。如丁日得戊。能克壬而去之。又能合癸而留之也。陽日傷官能去官。不能留殺。如甲日得丁。能尅辛而去之。不能合庚而留之也。陰日食神能去殺。不能留官。如丁日得己。能尅癸而去之。不能合壬而留之也。蓋尅則去。去則不爲我害。合則留。留則可爲我用。然舊書又云。甲以乙妹妻庚。凶爲吉兆。豈非合而去之乎。蓋庚見乙係我尅。故去。辛見丙係受尅。故留也。舊又有貪合忘官。貪合忘殺之說。如甲以辛爲官。遇丙則辛貪合丙而忘官。乙以辛爲殺。遇丙則辛貪合丙而忘殺。得毋忘則不留。留則不忘乎。蓋官殺獨見。則因合而忘。官殺並見。則得合而留也。然究竟留者存留也。非挽留也。去其一。則其一自留耳。豈必有某神挽之使住乎。若必如舊書所云。陰日食神不能留官。日主自能留之。則陽日傷官不能留殺。日主又不能留。遂將不留乎。總之官殺相混。去留淨盡爲上。雖不淨盡而調劑合宜。勢歸於一者亦妙。殺不能歸一。寧以官混殺。勿以殺混官可也。看運俱同此法。

千里按。官殺並見。正不必議其留。祇須議其去。一者既去。一者自留矣。合者。羈絆也。官殺之逢合。自應以去論。舊書以合爲留之說。恐未妥耳。

■看官殺去留法二

舊書所論官殺去留。大率言天干耳。雖言干而支藏之干在其中。干支互相去留。亦在其中。然使支有官殺。干無官殺。則支神相去留之法。不可不講也。今補之。甲乙日見申酉。以巳去申。以午去酉。丙丁日見亥子。以辰戌去亥。以丑未去子。戊己日見寅卯。以申去寅。以酉去卯。庚辛日見巳午。以亥去巳。以子去午。壬癸日見辰戌丑未。以寅去辰戌。以卯去丑未。皆用食神去殺傷官去官。雖巳申子丑爲六合。寅戌卯未爲三合。然合自合。尅自尅。猶之合自合。

刑自刑也。官殺去一。則其一自留。不必更求留之之神。此外有會成他局而去之者。寅卯遇午戌。則寅合午戌成火。而卯獨當權。巳午遇酉丑。則巳會酉丑成金。而午獨當權。申酉遇子辰。則申會子辰成水。而酉獨當權。亥子遇卯未。則亥會卯未成木。而子獨當權。辰遇子申而成水。戌遇寅午而成火。則丑未當權。丑遇巳酉而成金。未遇亥卯而成木。則辰戌當權。又有隨合入庫而去者。子隨辰合入庫。則亥當權。午隨戌合入庫。則巳當權。卯隨未合入庫。則寅當權。酉隨丑合入庫。則申當權。總之去官去殺。必天干地支合力。乃能去之。如庚申辛酉。去一甲一乙一寅一卯。其去必矣。卽如去甲寅乙卯。亦可去。若一庚一申一辛一酉。去甲寅乙卯。勢必不能。卽一庚去一甲。一辛去一乙。一申去一寅。一酉去一卯。亦有未可知也。故官殺相混。以去爲主。留不待議也。

■看官殺去留法三

官殺有真相混。有似相混。而非相混者。如木爲日主。庚辛並露。申酉兩見者。是爲相混。若止露庚而見酉。止露辛而見申。乃干神乘旺。非混也。抑或丙坐午。丁坐巳。壬坐子。癸坐亥。尤一氣乘旺。非混也。又或庚辛甲乙俱露於干。申酉寅卯俱見於支。乃各自相克。非混也。又或四柱之中。食神制殺。自成一勢。官星生印。自成一勢。合之雙美。非混也。此等似混非混。不一而足。不去不留亦可。去一留一亦可。且有似去而反留。似留而反去者。如甲生申月。丙辛透干。丙或無根。或坐絕。則丙不能去當令之申。而反以丙辛之合。去辛而用申矣。此等亦不一而足。不可誤認去留。且陰陽之理。至深至變。正惟似混非混。深厚難見。再三尋繹。乃悟其妙。斯爲大貴。至於人命。又有官殺兩停。或俱有尅合。或俱無尅合。不分去留。而亦富貴者。一則日主旺甚。官殺皆輕。正賴其合力琢削。一則日主官殺俱强。喜有旺神引化。若純官無殺。而發於殺年。純殺無官。而發於官年者。比比皆是。總之去留之法。只是大概當然。亦不必拘執也。舊又謂官殺相連只論殺。官殺各分爲混雜。相連者。謂連年月也。各分者。一在年月上見。一在時上見也。誠如是。則止論連與分可矣。何必辨去留乎。又謂露官藏殺只論官。露殺藏官只論殺。是則露者必留。藏者必去矣。亦非通論也。

看正偏印法

舊書取印。喜正忌偏。此只論天干耳。若地支倣此推之。五陽干遇寅申巳亥爲梟。遇子午卯酉又爲敗。五陰干遇子午卯酉爲梟。遇寅申巳亥又爲死。則地支竟無印可取矣。不知五陽干遇寅申巳亥。是生印。非梟也。遇子午卯酉。是正印。非敗也。五陰干遇寅申巳亥。亦正印。非死也。惟遇子午卯酉爲偏印。

然子爲乙貴。午爲己祿。何可以梟論乎。大抵印不論正偏但當月令而取之爲格。必不可傷。即不當月令而倚之爲用。尤不可傷。在局在運皆然。術家往往重財官而輕印。不知印被傷。與官被尅。財被刼。相同。其有時而輕者。局偶不用印也。若局用印。而無顯印。則暗印亦可取。或木日取申中之壬。辰丑中之癸。或火日取亥中之甲。辰未中之乙。此須二三處有之。方可取用。行運透出爲吉。克壞爲凶。僅止一點。亦不濟事。總之局印太輕。須以官殺運生之。局印太多。須以財運制之。若太多而强不可制。竟爲下命。蓋印乃生我之神。既無棄命從印之法。又無比刼洩印之法也。至於梟印尅食。惟梟食兩透於干。或並見於支。而無制無化則忌。苟制化得宜。或干支異處。則亦不忌。又舊忌印行死地。亦不盡然。蓋所貴乎印者。以扶其身耳。印之病死。即身之祿旺。何害之有。若但取印旺。則印之祿旺。即官之病死。何利之有乎。

干里按。以理衡之。局中印綬太多。亦可從印。蓋七殺爲尅我之神。尚且可從。則印爲生我之神。如子投母。豈不可從。任鐵樵所註之滴天髓闡微一書。載有從强之說。卽此意也。印之病死。卽身之祿旺。此指陰陽同生同死而言。若以陽生陰死。陰死陽生而論。則又穿鑿不符矣。

◘看正偏財法

看財之法。不論正偏。只取得時得勢。適當月令而有氣爲得時。不當月令而成象爲得勢。然看日干强弱爲要。日干强。則當扶財。日干弱。則當扶日。舊云。逢財看官者。不盡然。凡我尅我生。一件入格得氣。皆可取貴。但恐止此一件。便是滯物。故財與食傷。又欲其輾轉生化。非必以生出尅我爲貴也。每見用財之命。或財輕而行生財之運。或財重而行制財之運。一生不行官殺。往往富貴。但局中運中見官殺。亦其所宜耳。苟財多身弱。又加以官殺取禍必矣。

舊謂正財乃分內之財。遇之非奇。偏財乃衆人之財。得之爲美。夫不安己之分。而喜取人之物。此貪夫之見耳。特正財能傷正印。偏財能制梟神。然不可因此而貴偏賤正也。舊又有惡露喜藏之說。此亦謬認財爲錢幣耳。卽以錢幣論之。源遠流長。揮霍豈憂睥睨。力微勢弱。扃鑰何難刼奪乎。至於財神太旺。而用比刼。蓋愛其助主。非取其分財。財神太衰而用食傷。雖藉其生財。亦防其洩主。若財多而强不可制。當棄命從之。行助財運則吉。行奪財助主運則凶。他如時上偏財。時上財庫。日時專財。夾財拱財等格。皆多立名目。不若四柱通融取用。較爲簡當也。

看食神法

看食神之法。如用以制殺。則以食殺相較。殺重食輕。當扶食抑殺。食重殺輕。當扶殺抑食。如無殺可制。只以食神取用。或當令有援。或成局有勢。皆妙。然須生出財神。或局中有財。或運行財地。方爲有用。此神與正官相似性情和順。多吉少凶。舊云只要一位。此甚不然。假令甲日得丙。而又見巳。乙日得丁。而又見午。斯爲更美。卽甲日或遇兩丙。或遇兩巳。乙日或遇兩丁。或遇兩午。亦有何礙。所慮者。日主衰弱。不能任之耳。故先看日主強弱爲要。身食兩旺。可爲貴格。然謂食神有氣。勝於財官。亦一偏之論也。此神最忌梟印尅之。得偏財則亦不畏。若滿局食神。日主無氣。亦可從之。此乃我生之神。較從殺則更純。較從財則並美。勿泥舊無從例也。或日主太旺。局中無一可倚。止有一二點食神。略成氣象。則須行食神生旺之運爲妙。如食傷相混。用食則宜去傷。用傷不必去食。蓋食純傷駁。猶之官不容殺混。殺不畏官混也。至於用食見殺。雖與傷官見官不同。然剋傷日主。則任食無力。抗敵食神。則養主少氣。惟柱多比刼。最喜殺制。主用印綬。反喜殺生耳。否則官亦不宜多見。況殺乎。

■看傷官法

看傷官之法。不當月令。而局成他格。些小傷官爲害。則去之。不爲害。則置之。雖當月令。而用以敵殺。當從殺格推究。惟局中無足取用。而傷官或當令有援。或黨衆有勢。則用之。雖不得令得勢。而日主旺甚無依。止一二點傷官略成氣象。則亦用之。用之者何。以其亦我所生。雖不如食神之純粹。亦我之精氣流通。英華發外。亦可取也。然必生出財神。方爲有用。否則頑而不靈。徒洩我氣耳。用傷大法。日主强健則喜財。日主衰弱。則喜印。財印俱正俱偏。則恐其相爭。財印一正一偏。則不嫌並露。然亦看全局理氣。及財印情勢。有俱正俱偏而相安者。有一正一偏而相戾者。此在舒配之妙。若必如舊書所云。用財去印。用印去財。則太拘矣。舊又以當令爲眞傷官。不當令爲假傷官。夫以不當令而謂之假。則不當令之官殺。爲假官殺乎。不當令之財印食神。爲假財假印假食乎。不知傷官勿論真假。當論强弱。强則制之。傷官强而復行傷運。則日愈洩氣矣。弱則扶之。傷官弱而復行破傷。則日愈無依矣。制傷之法。印運爲上。幫身次之。扶傷之法。傷食運爲上。比刼次之。若傷官不喜見官。正如先有比刼而見財。先有梟神而見食。必爲患害。舊書譬之歐傷官長而又見官。官必不恕。則鑿矣。又謂傷官傷盡。反喜見官。將刼財刼盡。反喜見財。奪食奪盡。反喜見食耶。然官亦有可見者。身弱傷强而有印綬。可以見官。官生印綬。則身能任傷也。身强財弱而有比刼。可以見官。官制比刼。則財不受奪也。否則皆不可見官。見之非惟取傷之害。而日主受尅。亦不能任傷爲用。此必仍行傷運。尅之爲妙。次則食運亦可。若傷官傷盡不見官。似乎入格。而乃貧賤者。必無財之故耳。舊分五行孰可見官。孰不可見官。支離無理。關於傷官賦中。至於見殺雖非見官之比。然無印無比而見殺。則亦尅主而不能任傷。不可不去。若陽刃甚有益於傷官。以其助主生傷。又能合殺也。至於日主無氣。滿局皆傷。當棄命從之。反倚凶神爲用。行運忌壞傷相主。又未可以傷多不宜爲論矣。

■看食傷法

食傷格中有尤秀者。曰木火通明。曰金白水清。曰水木清奇。曰土金毓秀。今略舉取用之法。木火通明格。以春三月木日遇火爲妙。妙在木旺能任火相。方進也。四月亦取。蓋火當令而未燥。但木須得勢通根耳。金白水清格。以七八月金日遇水爲合。亦妙在金旺水相。水木清奇格。以二月癸日遇乙及卯木爲上。土金毓秀格。以八月己日遇辛及酉金爲上。蓋卯酉氣專而清。但癸與己亦須得氣通根耳。凡合此四格者。皆清貴上命。其喜忌之理。隨格詳審之。然不特此也。凡日主强旺。喜洩甚於喜剋。局中官殺與食傷並見。勢均力敵。照常取斷。若官殺輕淺。其情恆向食傷。不必當時得令。但透干成象。卽可取用。反以官殺爲病神矣。術家於此等局面只泥官殺爲用。所以往往不驗。是亦所謂六神通變之端。不可不知也。

看比刼祿刃法

天干各有比刼。地支惟戊己遇辰戌丑未爲比刼。甲乙遇寅卯。丙丁遇巳午。庚辛遇申酉。壬癸遇亥子。皆祿刃也。蓋本氣純粹爲祿。本氣剛暴爲刃。（本字原本作異。疑有誤。卽如甲乙寅卯。並非異氣也。）凡陰陽之祿刃。交互取之。乙丁己辛癸之刃。確在寅申巳亥。向來但知祿前一位爲刃。而不知陽以前爲前。陰以後爲前。妄爲辰戌丑未爲陰刃。試以陰陽同生同死之法推之。四者皆衰地。何得有刃。卽以陽生陰死之法推之。四者皆冠帶。何以成刃。又有謂陽有刃。陰無刃者。旣非通理。甚有訛陽爲羊。謂如以刃刲羊者。尤屬謬談。至於支有刃而干見刃。謂之刃透。往往以支無刼。以干刼當之。然則支無祿。可以干比當之耶。總之比刼祿刃。異情而同類。皆助身之神。特比純而刼駁。祿和而刃暴耳。比與刼。主衰殺旺則用之。身弱財多則用之。刃則取以助干。尤妙於合殺。蓋刃殺皆剛暴之物。相合則如猛將悍卒。處置得宜。爲我宣威奮武。人命值之。貴而有權。祿則能扶日主。亦能助諸貴神。舊謂建祿離祖。專祿傷妻。間亦有驗。然印財得時得勢。此一端未便爲害也。

■看拱夾法

舊書取日時二干相同。日時二支中間虛一位。或祿或貴。以二支拱夾之。祿者。日祿也。貴者。正官也。二支拱夾。則不走失。二干相同。則無乖異。然舍四柱干支。止取虛位一字爲格。其理豈得爲確哉。或局中需祿而無祿。需官而無官。適值有此虛神。則用之亦爲巧合。然拱夾雖有二十餘日。而合宜者不多。

除拱殺傷刦刃。雖藏有財官印。而虛神原屬殺傷刦者。俱不用外。如甲寅日甲子時。拱夾貴丑字。癸亥日癸丑時。拱夾祿子字。癸酉日癸亥時。拱夾貴戌字。俱日干之旬空。甲子日甲戌時。乙亥日乙酉時。壬子日壬寅時。酉戌寅先落旬空亡。俱爲無用。又如甲戌日甲子時。僅拱亥字長生。亦無足取。甲申日甲戌時。拱夾酉字。乙未日乙酉時。拱夾申字。豈有舍顯露之日殺時殺。不行處置。而反用虛拱之官者。故拱夾止有八日可用。戊辰日戊午時。拱巳祿。癸丑日。癸亥時。拱子祿。丁巳日。丁未時。己未日。己巳時。俱供午祿。庚寅日。庚辰時。拱卯財。丁酉日。丁未時。拱申財。兼壬官。癸丑日。辛卯時。拱寅財。兼丙官。辛巳日。辛卯時。拱辰印。兼乙財。無正拱官者。凡虛神忌塡實。忌冲破。拱夾虛神之二支。亦忌冲。行運亦然。其他舊說諸忌。俱不必論。又嘗推廣其義。取日時拱夾。再加年月拱夾。如戊辰戊午。戊辰戊午。四支中間俱供巳字。癸丑癸亥。

癸丑癸亥。四支中間。俱拱子字。可名之曰四拱。餘日倣此。然凡遇拱夾。終須辨論財官諸神。勿因拱夾合法。而遂取爲格局。斷其榮貴也。又舊書有夾邱拱財格。取癸酉日癸亥時。拱夾戌中丁火爲財。夫戌乃癸酉旬中之空亡。何取空財。亥亦癸酉旬之空亡。何能拱夾。故附論於此而削之。

■看雜氣墓庫法

舊書生辰戌丑未月爲雜氣格。其說以天地不正之氣。蓄於四季墓庫之中。故謂之雜。夫十干之氣。分布於十二支。皆正氣也。何以布於辰戌丑未者。獨爲不正。若謂所蓄者雜。則寅巳亦各藏三支。何獨不雜。況正氣必益於人。雜而不正之氣。必損於人。何取此損人之氣爲格耶。且動稱墓庫。取必刑沖。夫戊之在辰戌。己之在丑未。乃本氣用事。非墓也。乙辛之在辰戌。癸丁之在丑未。乃本方分正。亦非墓也。特辰中之癸。戌中之丁。丑中之辛。未中之乙。乃誠墓耳。故生於四月。如用辰戌中之戊。丑未中之己。猶之用餘八支中之本氣。如用辰戌中之乙辛。丑未中之癸丁。猶之用餘八支中之所藏。皆不待刑冲而後得力也。惟用辰戌中之癸丁。丑未中之辛乙。慮其閉藏。當求其透出。天干苟得透出。亦不待刑冲而後得力也。不能透出。乃講刑冲。然墓神强旺。遇刑則動。遇冲則發。是爲開庫。墓神衰弱。遇刑則敗。遇冲則拔。是爲尅倒。又或日主。或六神。屬水火。而生辰戌之月。屬金木。而生丑未之月。恐其入墓。亦宜刑冲。然須看本神强弱。强則欲脫墓而出。固利疏通。弱則須依墓以存。深嫌破壞。是亦有開庫尅倒之別歟。要皆未可概取刑冲也。若土則本無墓庫。愈不待言矣。至於命理多變更。有日主六神。過於發揚震動。而用此季庫以歛之者。則翕闢亦隨其宜耳。或曰。向傳季支所藏。皆爲庫中物。今者之論。無乃强爲分別否。余曰。信如舊說。是乙不特墓於未。而又墓於辰。辛不特墓於丑。

而又墓於戌。癸不特墓於辰。而又墓於丑。丁不特墓於戌。而又墓於未。戊則墓於辰。而又墓於戌。己則墓於丑。又墓於未。是則木火金水。各增一墓。而土竟有四墓矣。豈不大可怪乎。是故生月遇辰戌丑未。只照寅申巳亥等支。一例取用。先以土論。後及所藏。其或用所藏之墓神。或爲日主六神之墓地。則斟酌宜否刑冲可也。

看從局法

凡看日主無根。滿柱皆官。則當從官。滿柱皆殺。則當從殺。滿柱皆財。則當從財。滿柱皆食。則當從食。滿柱皆傷。則當從傷。若滿柱皆印綬。則無從理。蓋皆生助日主。旺甚無依決矣。凡從何神。只要此神生旺則吉。若從神受剋。日主逢根。則凶。其不同者。從官從殺。只喜生官生殺。及官殺運。從財從食傷。固喜生財食傷。及財食傷運。即財再生官殺。食傷復生財。皆可。此其定理也。然又須看日主情勢何如。所從之神。意向安在。而變通推測之。無不驗矣。或曰舊但取從殺從財。今復取從官從食從傷。其理何出。蓋不知命理惟取生剋。剋我之殺可從。則剋我之官何不可從。我剋之財可從。則我生之食傷何不可從。古今命如是者甚多。術家未之遍考耳。至於從局動云棄命。豈有命而可棄者乎。蓋從神強甚。譬之馬馳峻阪。舟飽疾風。非人力所及制。若強欲收頓。必有顛墜覆溺之憂。不若縱其所如。而駕馭得宜。則馬與舟仍爲我用耳。此棄乃不棄也。或曰。不可強制信矣。行運生扶日主。何以不可。不知身在峻阪之上。疾風之中。棄馬與舟而自求全。豈不速敗乎。

▣看化局法

凡看命先看有無合化。若日干或與月干相合。或與時干相合。化作他神。則生尅俱變矣。化木以木論生克。化火以火論生克。雖己合甲仍是土庚合乙仍是金。然單己之土。丁壬兩見。自以印財論。合甲之土。丁壬兩見。卽以木論矣。獨庚之金。戊癸兩見。自以印傷論。合乙之庚。戊癸兩見。卽以火論矣。凡化局之成否。化神之喜忌。皆詳合化賦中。若舊書所載。某局生某月則化。不生某月則不化。亦不盡然。如云甲乙生辰月不化。中有木氣也。見戊字有損。亦爲妬合也。乃又云。甲己得戊辰時。化土方真。旣取辰又取戊。不自相予盾乎。若柱中辰戌丑未全見。此反不能化。蓋四支雖皆土氣。然互相冲擊。不成化局矣。要之化局看天干易。看地支難。不特化神貴生旺。忌死絕。更須字字理會。孰能助化、孰能破化。孰助化而反伏破損。孰損化而仍可調停。至於行運。又須細看日主情勢。化神意向。而變通推測之。總不可粗心率略也。更有柱中化局不真。而行運一路助化。亦能榮達。但此運過後。依然不利耳。若世術於日干之外。餘干見甲己二字。輒云化土。可作土用。見丁壬二字。輒云化木。

可作木用。夫化局以日爲主。合月時乃化。卽合年亦不在化例。若餘干自相合。亦以化氣取用。則四柱五行俱無一定。不甚紛紜矣乎。此雖通根得時。必無化理。勿因柱缺某神。勉强借凑也。

■看一行得氣法

命理率取五行。然一行得氣。自成局面。亦可取用。有占一方秀氣者。木日全寅卯辰。爲曲直格。火日全巳午未。爲炎上格。金日全申酉戌。爲從革格。水日全亥子丑。爲潤下格。土日全辰戌丑未。爲稼穡格。土合四方爲方也。有占一局秀氣者。木日全亥卯未。亦爲曲直格。火日全寅午戌。亦爲炎上格。金日全巳酉丑。亦爲從革格。水日全申子辰。亦爲潤下格。土日同前。木火金水。或方或局。必三方俱全。方取。土則得二三亦可用。凡入此格。一則須通月氣得時令。二則須時上引至生旺。勿引至死絕。三則須柱中無剋無破。但蠢然頑木。

燥火。剛金。蕩水。濁土。亦不足取。須帶食帶財帶印。有生動之機爲妙。惟不喜見官殺耳。行運亦如之。然細推逆行順行。未有不遇剋運者。則看原格。所帶何神。如有理會。有情致。克亦不畏。若分某格畏克。某格不畏克。亦不盡驗也。至於方局較論。得方爲優。蓋方專一氣。格易成而難破。局兼他神。格難成而易破耳。

看兩神成象法

兩神成象格。與雙飛蝴蝶。兩干不雜。俱不同。雙飛二格等。所得五行。或三或四。無一定之理。不故足憑。兩神成象者。八字五行之二。而又均停。如相生。則金水各半。不遇火土混之。木火各半。不遇金水混之。相剋。則金木各半。不遇火混之。火金各半。不遇水混之。只是兩神清徹。所以可取。若一字不均停。即偏於一。而不入格。此等四柱不少。須詳審無偏無混方取。又須有情理。無刑沖。行運一路清徹爲妙。勿見柱止兩神。遽稱上格也。

■看暗沖法一

凡局中原無官星。又無他秀氣可取。始以日支相同多者。暗沖對宮之官。其力與本局官星無異。倘止二支相同。則力薄而不能沖。必須三支或四支方妙。法取丙午日午多沖子爲官。丁巳日巳多沖亥爲官。生於夏月。其力尤大。又取庚子壬子二日。子多沖午中丁己爲官。辛亥癸亥二日。亥多沖巳中丙戊爲官。生於冬月。其勢更雄。若沖子午而局有子午。或干透癸丁己。沖巳亥而局有巳亥。或干透丙戊壬。皆爲破格。行運亦然。更須生助其官。勿値七殺相混，傷官相破。此爲緊要。其舊說諸喜忌。不必太拘。若飛天倒沖之名。既無其義。且費解說。故不用之。或曰。凡支神同類者多。俱可沖官。何獨取此六日。不知六日所沖官星的確。內有兼沖財印者。絕無兼沖殺傷梟刦者。故足貴耳。且先以日支爲主。故甲日卯多。亦可冲酉。乙日寅多。亦可冲申。緣不是日支。皆不取用也。

■看暗冲法二

舊有井欄叉格。蓋取庚日逢申子辰全。柱中原無官星。用申子辰。暗冲寅午戌。則財官印俱備。得三庚尤妙。此與暗冲格相似。不爲無理。但命名不經。遂開鄙謬之論。孰爲井田。孰爲欄。孰爲义。種種取駁。故去其舊名。而附之暗冲。舊說生子月是傷官。生申時是歸祿。皆不取。然則生申月爲建祿。亦不應取。夫以水冲火。利在寒肅之令。其冲有力。若水神無氣之月。何足貴乎。故此格生秋冬爲美。不必拘定時月。但柱中無丙丁己及寅午戌字。卽爲入格。有之卽爲破格。若干透戊己。則能損水局。透壬癸。則引作傷官格。亦不真。故舊取三庚。蓋以其純而不雜耳。行運亦不可拘其方。只以原局斟酌之。喜忌自見矣。

■看暗合法

支神六合。其氣相關。局無官星。則以日支相同多者。暗邀合宮之官。其力稍遜於暗沖。然合之精當者。亦可取用。法取甲辰日。辰多暗合酉中辛金爲官。戊戌日。戌多暗合卯中之乙木爲官。癸卯日。卯多暗合戌中戊土爲官。癸酉日。酉多暗合辰中戊土爲官。必須三四支相同。其合方真。甲辰癸卯日。喜生春令。戊戌癸酉日。喜生秋冬。其合有力。亦忌塡實冲破。餘日或入他格。或不合法。俱不取。或曰。凡舊格遙合、合祿、刑合、皆不用。何以復立暗合之格。不知遙合諸格。皆迂迴附會。理不自然。暗合則以此支合彼支。直接的當。豈可同論乎。

■看六親法一

舊取正印生我爲母。偏財尅正印爲父。我所尅之財爲妻。財所生之官殺爲子。命家奉爲定法。實則悖戾多端。請一一論之。人由父母共生。止以正印屬母。豈母獨能生耶。其悖戾一也。偏財固正印之配。然財乃我之所尅。安能生我。其悖戾二也。夫有制妻之道。子無制父之理。偏財係我所尅。是爲以子制父。其悖戾三也。財爲妻妾。又可爲父。是翁與婦共矣。其悖戾四也。子亦夫妻共有。至取財生官殺。將妻能獨生耶。其悖戾五也。官殺尅我之神。豈肯爲我之子。其悖戾六也。爲人子則制父。爲人父又受制於子。可謂聚逆矣。其悖戾七也。父之於母。旣以尅取。兒之於婦。亦應以尅推。官殺所尅者卽日主。是又婦與翁共矣。其悖戾八也。爲日之父者。則爲日生者之祖。爲日之子者。則爲生日者之孫。偏財實生官殺。是孫從祖生。其悖戾九也。考其憑據。不過曰有夫婦然後有父子耳。若依夫婦父子之例。輾轉推之。三黨男女。錯綜無極。其悖戾十也。今定男以印爲父母。食神傷官爲子。我尅之財爲妻。女以印爲父母翁姑。食神傷官爲子。尅我之官殺爲夫。印不論偏正。但不遭冲尅。則父母俱全。扶抑合宜。則父母雙壽。更帶貴氣。則父母榮顯。食神傷官不遭冲尅。則有子。扶抑合宜。則多子。更帶貴氣。則有貴子。財不遭刦奪。官殺不遭冲尅。則夫妻偕老。扶抑合宜。則夫妻賢淑。更帶貴氣。則夫顯妻榮。反是則父母或不全。或不貴。子或無或少。或有而不肖。夫妻或尅。或不賢不顯。此亦得其大略耳。人命常有無印而父母貴壽者矣。無食神傷官。而子息繁昌者矣。無財官殺而夫妻安榮者矣。但就日主及全局觀之。知其有無根氣。則知其父母。知其有無生氣。則知其子息。知其有無和氣。則知其夫妻。即顯露財印官殺食傷。亦須以此意消息之。總之中和完好者。家門必多福慶。偏枯缺陷者。骨肉不免刑傷。此自然之理也。若兄弟但看同類干支氣勢何如。粹美者或多或貴。虧損者或寡或賤。和洽者得力。偏駁者相乖。如無同類干支。卽看日主氣勢何如。或生扶有情。或孤干無輔。可以知其兄弟矣。

■看六親法二

看六親之法。舊又以年爲祖上。月爲父母。日支爲妻。時爲子息。同類爲兄弟。此立法之有理者。如吉神居年。則祖上顯榮。亦主受祖上之蔭。凶神居年。則祖上寒薄。亦主不受祖上之蔭。如吉神居月。則父母貴盛。主受父母之蔭。凶神居月。則父母衰殘。亦主不受父母之蔭。如吉神居日支。則妻室偕老。主受妻室之力。凶神居日支。則妻室喪亡。主不得妻室之力。如吉神居時。則子息繁衍。主得子息之力。凶神居時。則子息凋零。主不得子息之力。若兄弟則無定位。但看同類爲吉神。則兄弟繁昌。主得兄弟之力。同類爲凶神。則兄弟衰寡。亦主不得兄弟之力。此法雖難盡拘。然大概不遠。與前法參看可也。若舊書吏有以月爲兄弟者。夫月尊於日。兄弟安能當之。柱無兄弟位。猶之干無妻位。豈可强乎。

■看貴賤法

陰陽有清氣。有貴氣。人命兼得之。方享功名爵祿。凡日主高朗秀異。有拔俗出塵之象。所用格局純粹清徹。條理井然。此清氣也。日主尊嚴端重。有居高臨衆之象。所用格局整肅宏遠。規模煥然。此貴氣也。得七八分清貴之氣。上則公侯。次則宰相卿貳。得五六分清貴之氣。內則京堂。外則方面。得三四分清貴之氣。內則郎官。外則郡邑。得一二分清貴之氣。亦一命之榮。儋石之祿。清氣勝者。多居翰苑。貴氣勝者。屢據要津。清而不貴。歷任只在閒曹。貴而不清。出身或非科目。清貴之氣。無混無破者。終身榮顯。清貴之氣。有傷有雜者。幾度升沈。此文命之大略也。武命亦兼清貴二氣。但清而剛。貴而威。爲少異耳。爵位高下。亦以分數斷之。若武命中有一段秀雅處。必能橫槊賦詩。文命中有一段英武處。定主擁旄開閫。或疑武不取清。人命安有濁而貴者乎。至舊書論貴。每云任某官。司某事。夫任官者。或文武換職。或中外改官。或一歲之內。周歷錢穀兵刑。或數十年之間。迴翔臺閣卿寺。安得以一官一事定之。至於卑賤之命。必稟濁氣賤氣。滿柱混亂單寒。入眼易見。其有似清而實濁。似貴而實賤者。亦猶堪輿家假地。初覷則美。細看則種種僞形畢露矣。其貴賤諸格。另詳於後。

◘看貧富法

陰陽之氣。有厚薄。有聚散。人命稟之。凡日主及所用格局。氣體充足爲厚。精神翕藏爲聚。氣體單寒爲薄。精神虛脫爲散。得氣之厚而聚者。上富之命也。厚而不甚聚。聚而不甚厚者。中富之命也。厚中有薄。聚中有散者。下富之命也。薄中微厚散中微聚者。亦云衣食足給。囊篋不空。若薄而無以培之。散而無以斂之。有一必貧。兼之必極貧。又須看行運何如。或始終厚而聚。或始終薄而散。或始厚終薄。始聚終散。或始薄終厚。始散終聚。貧富固萬有不齊耳。總之饒乏之理多端。勿專泥財神取斷。自無不驗矣。其貧富諸格。詳列於後。

■看吉凶法

陰陽之氣。有善惡。有順逆。人命稟之。凡日主及所用格局。神理和平爲善。情勢安靜爲順。神理剛暴爲惡。情勢戰尅爲逆。得氣之善而順者。一生無患。五福咸臻。吉無不利。善之中未盡善。順之中未盡順者。獲福則厚。遇咎則輕。吉多凶少。善惡互見。順逆不一者。吉凶參半。惡勝於善。逆勝於順者。凶多吉少。苟惡而且逆。大則取禍不測。小則作事多乖。然又看行運何如。局善而運惡。局順而運逆。則化吉爲凶。局惡而運善。局逆而運順。則轉凶爲吉。或善或順有一端。則吉中徵凶。至於應吉而凶。應凶而吉。則存乎其人。不在命與運矣。或曰。善與順。惡與逆。有何分別。而兼論之。不知人命有大勢和平。而忌神相擾。不得安靜者。有大勢安靜。而主氣失中。不得和平者。有大勢剛暴。而局無冲激。不至戰剋者。有大勢戰剋。而主頗恆常。不至剛暴者。倘不兼論。理安得而全乎。其吉凶諸格。另詳於後。

■看壽夭法

陰陽之氣。有生死。有永促。人命稟之。凡日主及所用格局。神理暢茂爲生。意象悠長爲永。神理枯悴爲死。意象短嗇爲促。得氣之生與永者。必壽。而生與永之分數不齊。或至上壽。或至中壽。或至下壽。得氣之死與促者。必夭。而死與促之分數亦不齊。或弱而夭。或壯而夭。或強而夭。然又看行運何如。格本應壽。而運逢窮凶之地。則生者死。永者促。局本應夭。而運逢力救之神。則死者生。促者永。又或雖壽而一生蹭蹬。或逸夭而多病纏緜。皆運爲之也。嘗考人命富貴貧賤。驗者頗多。惟壽夭驗者較少。蓋一念之善。可以延年。一事之惡。足以奪算。苟恃命之生與永。而多行惡事。知命之死與促。而廣積陰功。此則愛之不能使生。惡之不能使死。區區八字干支。何足道乎。其壽夭諸格。另詳於後。

■看富貴吉壽貧賤凶夭總法

術家看命。必取何局爲貴。何局爲富。何局爲吉。何局爲壽。以及何局爲貧賤凶夭。此未嘗悖理也。然往往有驗。有不驗。是有故也。局當貴而得富。局當富而得貴。富貴之美一也。足以相準矣。局當賤而得貧。局當貧而得賤。貧賤之不美一也。足以相準矣。不寧惟是吉壽富貴。可相準也。凶夭貧賤可相準也。富貴而凶夭。貧賤而吉壽。可相準也。故今統富貴吉壽。列上局六十。統貧賤凶夭。列下局六十人命合上局多者備美。少者次之。合下局多者窮凶。少者次之。雖然。汎而無定如此。何取推命乎。法當取上下諸局。融會貫通於胸中。而證以古人之命。學以今人之命。則相準之故徹。而有定之理出矣。即分孰富貴。孰吉壽。孰貧賤。孰凶夭。亦無不可耳。

富貴吉壽諸局

日主朗健。弱日逢生。正官佩印。正官得祿。正官馭刃。財官兩旺。
純殺有制。獨殺乘權。殺印相生。殺刃相輔。身殺兩停。食殺兩停。
財資權殺。去官留殺。去殺留官。財印相濟。令印無傷。旺財成局。
旺食生財。傷官用財。傷官用印。刃傷相輔。從官官旺。從殺殺旺。
從財財旺。從食有財。從傷有相。合化無破。一行得氣。兩神無雜。
暗冲得用。暗合得用。五行遞生。二德扶身。二德扶官。二德化殺。

二德扶印。二德扶財。二德扶食。二德化傷。日主坐貴。官星遇貴。

殺星遇貴。印綬遇貴。財星遇貴。食神遇貴。月將扶身。月將扶官。

月將化殺。月將扶印。月將扶財。月將扶食。月將化傷。吉神遇馬。

凶刃逢空。水木相涵。木火相輝。金水雙清。金木相成。水火既濟。

■貧賤凶夭諸局

日主扶凶。主旺無依。正官破損。官多無印。官弱無財。官輕印重。

殺重身輕。殺多無制。殺輕制重。官殺混雜。印綬被傷。滿局印綬。

滿局比刼。貪財壞印。梟神奪食。財多身弱。財扶惡殺。財遭冲剋。

食多無財。傷多無財。傷多無印。傷官見官。刃星重疊。刃星逢冲。

祿神冲破。從官不真。從殺不真。從財不真。從食不真。從傷不真。

化局被破。一行被尅。兩神被混。暗局破損。暗貴塡實。滿局刑冲。

多合羈絆。三刑破吉。三刑助凶。滿局驛馬。滿局空亡。滿局刼殺。

刼殺破吉。刼殺助凶。官落空亡。印落空亡。財落空亡。食食空亡。

貴落空亡。年月對沖。月日對沖。日時對沖。五行乖戾。五行偏枯。

木火燥烈。火土混濁。水木浮沉。金水寒凝。水火交戰。金火相戰。

■看富貴吉壽貧賤凶夭要法

富貴吉壽貧賤凶夭諸局相準之故既徹。有定之理既得矣。然以推人命不盡驗。是有己身之善惡焉。有家世之善惡焉。福善禍淫。必然之理。如爲惡之人。命應一品之貴。而減至四五品。命應百萬之富。而減至六七十萬。命應百歲之壽。而減至六七十歲。命應五福全備。而減其一二。又如爲善之人。命應極賤。而得一命之榮。命應極貧。而得中人之產。命應早世。而得數十歲之壽。命應諸凶畢集。而免其什三。世俗之見。將謂爲惡者。何嘗不福。爲善者。何嘗不禍。豈知福之已損。禍之已滅乎。知禍福者。非知命也。知善惡之爲禍福者。則誠知命耳。雖然。徒知之何益。是有轉移之道焉。昔袁了凡先生遇術士推命。止於貢士而無子。因詳列將來履歷。始則一一神驗。後遇高僧導以造命之學。積若干善求科第。積若干善求子息。善數既積。果登兩榜而舉子。術士所推。毫不驗矣。故凡欲求富貴吉壽而免貧賤凶夭者。當以積善爲要。每日自記功過。必期念念皆仁。事事皆善。久必如其所願。若恃命之善。而敢於爲惡。咎命之薄。而不思挽回。此爲天下至愚之人。無志之士矣。諸命法皆末耳。是乃要法也。

◘看科第法

看科第之法。不外清貴。但於清貴中尋其秀氣。是爲科目。或秀之極。或秀而奇。則廷對及第。闈試掄元。舊取木秀火輝。金白水清等格。往往有驗。然五行生剋合法。皆可以掇巍科。舊又取最吉之運。方發科第。不知大貴之人。即及第掄元。不必遇最吉運始貴。次吉之運。可以得之。最吉之運。乃其乘大權躋極品時也。若科第必登於最吉之運。則其成就有限矣。至於人之博學能文。亦從清氣秀氣推之。然未嘗有確然之理。舊又取木火金水等不足盡憑。若學堂逢驛馬等。則又誕妄矣。

■看性情法

舊分五行論人性情。此不可拘。如木主仁壽慈。然有成局入格之木而不仁者矣。金主肅殺。然又有得時乘勢之金而不殺者矣。須先看柱中神情氣勢。或正大或光顯。或純厚或英發。皆賢人也。或偏駁或晦昧。或剛戾或卑瑣。皆不賢人也。又看取格取用。或中正顯白。無所貪戀包藏。或奇巧隱曲。多所牽合攘取。則性情大端可覩矣。然後以五行推之。深則見其肺腑。淺則得其梗槪。其有始正而終邪。始駁而終粹者。則行運使然耳。至於二德多善。貴人多賢。空亡多慮。刼殺多暴。理之所有。然執一端取斷。亦不驗也。

■看疾病法

舊分五行。論人疾病。未嘗不合於理。但人身臟腑經絡。五行俱全。人命柱中運中。五行未必俱全。必以某行斷其病。亦不盡驗。須看日主及所用格局。或朗健。或中和。或平順。皆無疾之命也。或晦弱。或駁雜。或乖戾。皆有疾之命也。又看其神理氣勢。或太過或不及。兼取柱中運中五行參合論之。卽無木而就生木、尅木、木生、木尅、之神。亦可推木之受病與否。至於干支配頭目手足等類。皆當以意消息之。若必盡取諸病而擬議之。則名醫所論。孰非五行。恐須摘取醫書數十百種。列於命書矣。

■看女命法一

凡看女命。喜柔不喜剛。喜靜不喜動。夫子喜旺不喜衰。喜生不喜絕。財印喜和不喜戾。貴合喜少不喜多。傷刃比刼。沖戰刑害。喜無不喜有。此大法也。然日主過弱。亦宜生之助之。夫子太旺。亦宜損之洩之。有時用財制印。用梟制食。用傷制官。用殺制刼。用刼制財。用合邀吉神。用刑沖去忌神。用之切當。凶反爲吉。又有局無夫星而夫貴者。局無子星而子多者。此必暗生暗會。有夫星透露而夫賤者。有子星顯明而子少者。此必暗損暗破。若夫多無夫。子多無子。則不尅不化之故也。至於富貴貧賤吉凶壽夭。亦於諸格推之。但中有剛健威武之局。及暗沖暗合。用刃用馬之類。女命不宜耳。若分别或貞或邪。或順或戾。須看日主。及所用格局。純靜者爲貞。剛强者爲戾。亦只就五行取斷。勿泥舊書。妄造神煞可也。至舊論女命。止許一官。不宜重見。此殆兩干兩支。重見非宜耳。若甲官帶寅而得祿。乙殺帶卯而有制。此乃吉而有力。卽官殺兩遇。去留合法。亦自無害。凡印財食傷皆然。

■看女命法二

舊書女命。子辰巳年生。四月爲大敗。八月爲八敗。丑申酉年生。七月爲大敗。五月爲八敗。寅卯午年生。十月爲大敗。十二月爲八敗。未戌亥年生。正月爲大敗。三月爲八敗。又巳午未年生三月。申酉戌年生六月。亥子丑年生九月。寅卯辰年生十二月。俱爲寡宿。皆每年取一月。夫一月之中。生女幾千萬億。安有皆敗皆寡者。況不論四柱。而獨論一字。有是理乎。嘗考富貴偕老女命。犯敗與寡者甚多。其爲謬說決矣。若不亟闢之。或婚姻將諧而被破。或夫婦已配。而相怨。或翁姑因此而憎棄。其誤人豈少哉。世俗父母往往託星家合婚。遂造種種謬說。如三元男女幾宮。雖載於歷。然理亦不確。乃以男幾宮女幾宮配成生氣福德天醫爲上。配成遊魂歸魂絕體爲中。配成五鬼絕命爲下。又有胞胎沖骨髓破。鉄掃帚及益財。退財。守鰥。守寡。相厄相妨。等凶。皆以生年月取之。尤爲誕妄。卽女命亦有値敗寡及諸凶而驗者。嘗取而推之。其四柱本自不美。安可借之以實謬說乎。總之男家擇女。女家擇夫。只照四柱常理。取其中和平順者而已。婚後吉凶。聽之於天可也。

看小兒命法

人命自一歲至百歲。遇吉則吉。遇凶則凶。少之所喜所畏。老亦喜之畏之。老之所喜所畏。少亦喜之畏之。術家有少怕死絕。老怕長生之說。不知長生收藏。時序則然。少壯老耄。年齡則然。自量年齒而取法時序。爲人之道則然。以之論命則不然。太旺而復遇長生。穉年可夭。太衰而復行死絕。晚歲亦亡。命之當抑者。孩提亦喜琢削。命之當扶者。黃耇亦喜滋生。故古來談命名家。小兒老人。未嘗別立法則。不知何人。妄造小兒關煞。傳世旣久。狡獪之徒。借以恐人父母。增造日多。名目不啻數十。考其起例。大率生於某年某月。遇某字爲關。其理毫無所出。夫合觀四柱。尚多難決。安有據一字而可斷生死者。乃偶合則曰果然某關某煞爲害。不合則曰好命非關煞所能傷。又或以有關無煞。有煞無關爲解。嘗考小兒命。有犯種種關煞而成立者。有不犯關煞而夭殁者。總之只照生克定理取斷可也。或疑小兒之與成人。畢竟有不同處。此法殆不可廢。然則老人之與少壯。亦畢竟有不同處。何不更立一老人命法耶。

精選命理約言 卷二

嘉興韋千里選輯

賦 二十篇

■總綱賦

年月日時。列爲四柱。天干地支。辨其五支。以月令爲提綱。得時者榮。而失時者悴。取日干爲主宰。益我者喜。而損我者憎。我字指日干。爰察諸神之區別。皆因命主之尅生。生尅我者。陽尅陰。陰尅陽。爲正官。反是則有七殺之號。七殺亦爲偏官。反是。指陰陽。非指生尅。下倣此。我尅者。陽尅陰。陰尅陽。爲正財。反是則有偏財之名。生我者。陽生陰。陰生陽。爲正印。反是則有梟神之目。梟神亦稱偏印。我生者。陽生陽。陰生陰。爲食神。反是則有傷官之稱。同我者。陽見陽。陰見陰。是爲比肩而可用。異我者。陽見陰。陰見陽。是爲刦財而起爭。古分六格兮六。未足以盡干支之理。官殺財印食傷・乃是六格・舊取一用兮。一豈能盡喜忌之情。舊以用神專一爲貴・然用神之力不逮・亦當再取相神助之・爲印爲官。爲食爲財。雖正而有時不貴。曰梟曰殺曰傷曰刼。雖兇而間亦有禎。有病方是奇。然究竟議抑議扶。仍歸純粹。八字有偏倚者・得補救之神・仍爲英奇・補救者何・卽強者抑之・弱者扶之・是也・無格可取用。若大端有體有用。亦主光亨。格局紛紜。是者宜從而妄者必闢。神煞雜亂。多則無主而簡則可從。總之命貴中和。偏枯終於有損。理求平正。高遠不足爲精。

■格局賦

總綱既定。格局宜詳。月令所得何支。依之取斷。柱神所有何類。參以酌量。偏正不必甚分者。曰財星。曰印綬。陰陽必應各取者。曰官殺。曰食傷。月遇祿神。未可推爲領袖。月逢刃曜。又何取此凶狂。格從司令而來。司令卽月令・此實依經順理。格由他神而取。蓋爲捨弱用強。詳參卷一看命總法・逢官看殺。逢殺看印爲要。用官最忌殺混·故必須看七殺何如·用殺最忌身衰·故必須看印綬何如·用財畏刦。用食畏梟其常。刦能奪財·梟能奪食·故畏·若全局無官星可言。則暗格亦取。或日主配他干而變。則化局可商。其餘外格多端。半皆誕妄。更有納音諸法。益以洸洋。總之先定何格以推。則喜忌自見。隨取何神爲用。則休咎彌章。或止恃一神。始終相託。或兼求他用。變化無方。至於氣象茫茫。論格旣無可取。神情汎汎。言用亦無足當。此則深求反鑿。淺論爲長。

■行運賦

格局旣分。榮枯之概已具。運途參考。否泰之理斯完。從生月而推。遞行前月後月之建。以男女爲別。乃分順行逆行之端。男生陽年。女生陰年。則以未來取用。男生陰歲。女生陽歲。則從已往詳觀。計生辰之離節。凡有幾日。知人命之交運。應在何年。一日則爲四月。雖片時而必扣。三日則爲一歲。苟缺月而勿寬。一運管十年。榮枯有準。五行配四柱。休戚相連。宜與不宜。全憑格局。利與不利。但問日干。破格者。値之爲戚。助格者。遇之爲歡。日弱者扶之而氣盛。日强者抑之而美全。旺日復到旺鄉。必罹悔吝。衰日再行衰地。定主摧殘。吉若財官印食。喜於相見。行運中固喜見財官印食。然亦須看日主之氣勢何如。能否應付。凶若刑冲梟刼。多主不安。行運中固忌刑冲梟刼。然果日主氣勢有餘。亦有凶反爲吉者。所謂刑冲梟刼。應分四項而論。非梟與刼。逢刑冲也。但吉而無情。亦難吉論。苟凶而有用。不作凶言。運固重支。須合干神兼論。運雖計歲。亦難上下截看。火若在天下。有水流而滅曜。金如處地上。逢火灼而失堅。木火同來。十年並暖。水金相濟。一運皆寒。所謂一運者。一干一支是也。雖不能截斷分論。然果干害支。支害干。其吉凶之力。未嘗不減輕。干助支。支助干。其吉凶之力。亦未嘗不加重耳。取神殺以評。視實在干支而較緩。謂交接必咎。豈行運福利而亦然。俗謂交運脱運之際。必主不利。豈其然乎。言凶運既去爲殃。是離任之官。猶能行令。言吉運未來作福。將候選之職。遂可操權。凶運既去。自無禍害。吉運未來。安有瑞祥。命吉運凶。若良馬堅車。阻險道而難進。命凶運吉。若破帆敝楫。乘順風而亦前行。運此其大略。通變難以言宣。

■流年賦

大運司十載之休咎。流年管一歲之窮通。歲干如君。固應從重。歲支爲輔。實則同功。先觀歲與日干。或爲利。或爲害。次詳歲與大運。或相順。或相攻。問其有無會合。考其宜否刑冲。大抵命之所喜者。自非運所忌見。命之所惡者。亦非運所樂逢。歲與運戰爭。須憑原局之中。有神救解。歲與運和睦。若係主干之吉。加倍興隆。或謂犯歲而致災必重。或謂合歲而引悔成凶。夫犯必日之財官。非正卽偏。有何不利。合必日之正配。非官卽財。正喜相逢。惟衰干不任財官。反罹其禍。非太歲每逢尅合。必害厥躬。凡日干犯太歲者・如甲見戊・乙見己之類・皆爲偏財・太歲合日干者・如甲見己・乙見庚之類・非正財・卽正官・非惟不可概作凶言・倘日主氣勢有餘・得此反主奮發・先遇是物而安。後遇是物而危。由運途亨蹇之異。初見斯神而喜。復見斯神而畏。因歲建上下不同。上來降祥。而爲支所生。則彌增福力。下欲逞虐。而受干之制。則半減凶鋒。流年干支·固不能截斷分論·而以上半年屬干·下半年屬支·然果歲干爲喜神·而又得歲支生之·未嘗不可彌增福力·歲支爲忌神·得歲干制之·未嘗不可半減凶鋒· 木若司年。至金月而蔭淺。水如秉歲。涉冬令而波洪。歲運並臨。災祥更大。干支同類。勢力尤雄。殺年而局食先强。豈能相難。日主雖衰·而原柱食神得勢·即歲逢七殺·亦不爲害·蓋食先殺後·食可制殺也· 刼歲而運財方盛。亦止得中。運行財地·其財方盛·雖遇刼財流年·亦不致損失· 舉此爲例。其類可充。至本年每月之吉凶。倣此推究。若逐歲小運之謬妄。不必研窮。

■正官賦

陽尅陰日。陰尅陽神。類官民之受治。固理順而勢馴。甲見干辛支酉。乙遇天庚地申。或辛藏丑戌。取爲甲配。或庚生巳地。扶作乙君。假如甲木日干·以辛金爲正官·酉丑戌三支·所藏辛金·亦正官也·乙木日干·以庚金爲正官·申巳二支·所藏庚金·亦正官也· 旺相而榮華分定。清純而富貴無倫。佩印爲榮。印過多亦虞洩氣。得財取貴。財遇刼先恐傾根。如甲木以辛金爲官・癸水爲印・若癸水重逢・盜洩辛金元氣・其官豈能爲我用乎・若得己土之財・以制癸水・仍可取貴・假使己土又爲乙木刦去・則根本傾危矣・深惡傷官爲累。更嫌失令不尊。陽日食神貪合而忘官可慮。陽日正官・怕食神來合・合則官力微矣・陰日食神成黨亦損貴不真。食神雖不能尅官・然與官究屬不利・逢冲破兮貴元必壞。値刑害兮秀氣不純。若七殺之相混。尤四柱之最嗔。唯尅合之有方。斯能去病。殺來混官・如有合殺尅殺之神・其殺亦不能害官・苟氣勢之相抗。無不傷身。官殺之勢均力敵・則去留兩難・其身能不受傷乎・至於行運之愛憎。仍同取格之喜忌。臨財向旺。起白屋以凌霄。遇殺逢傷。自青雲而墜地。行死絕兮重則職奪而輕則秩卑。見刑冲兮大則災來。而小則病至。食印得力。雖殺運不至奇殃。食能制殺・印能護身・雖行殺運無妨・官貴輕微。卽印鄉亦爲未濟。官輕再逢印洩・其力更輕・安有濟乎・官根太弱。食神運亦有剝官之嫌。官勢太强。財旺運豈無欺主之弊。官旺再行財運・則日主更弱矣・要皆因時令爲屈伸。先當辨日干之隆替。若乃滿柱皆官。衰干無氣。當委命以從官。勿抗衡以強制。財官旺地。遇之而一路皆宜。食印兩神。逢之而多端不利。傷官之運。立見傾危。身旺之鄉。必多災異。（此指從官格言。）總之官只是官。縱重疊不應作殺。官又見官。乃枝節無容多議。真官正印。命貴殺之上流。貴殺賤官。特後生之妄意。

■偏官賦

陽爲陽尅。陰與陰爭。從日干而數去。蓋居七位。處同類而相賊。故號殺星。壬與亥而尅丙。癸及子而傷丁。申內有壬。丙逢必害。丑辰伏癸。丁遇無情。（假如丙火日干。以壬水爲偏官。亥申二支。所藏壬水。亦偏官也。丁火日干。以癸水爲偏官。子丑辰三支。所藏癸水。亦偏官也。）斯神先須處置他物方可推評。或食神制之。而馴其強暴。或印綬化之。而變作和平。或傷官敵之。而兩凶俱解。或刃星合之。而一將成功。駕馭得宜。取作偏官之用。威權不亢。乃爲大貴之徵。正印食神。化與制何妨並見。偏財梟印。生與化未免相攖。（偏財能生殺。梟印能化殺．互相抵觸．並見非宜．日主甚强。卽無制不爲殺困。正官相雜。但無根亦從殺行。如正官無力．雖與七殺混．仍從殺行．去官不過兩端。用食用傷皆可。去官留殺．必須食神傷官．合殺總爲美事。合來合去宜清。獨殺成權。職居清要。衆殺有制。身掌權衡。衆殺有制．要日主强旺則吉．主弱不顯達．殺生印而印扶身。龍墀高步。身任財而財滋殺。雁塔題名。若殺重而身輕。非貧卽夭。殺重身輕而無制．卽貧夭矣．苟殺微而制過。雖學無成。在四柱總宜伏降。誰謂年逢勿制。俗謂年干七殺．不須制伏者．非是．以一位取爲權貴。何必時上專稱。一殺純清．只要日干有氣．無論在年在月在時皆妙．

至運途欲辨吉凶。必身殺兩相審察。殺旺於身者。扶身抑殺爲佳。身旺於殺者。遇殺臨財方發。殺旺復行殺地。立見凶災。制重再行制鄕。必然窮乏。若乃滿盤尅我。强不可降。日主無依。棄而從殺。行助尅而彌亨。遇滋根而反拔。此指從殺格言．滋根．卽扶身也．陰日之從爲順。終無變更。陽日之從爲逆。間參窮達。陰日從殺最佳．陽日從殺．未必盡善．亦有殺會生我之局。功藉栽培。迨乎運行破印之鄕。卒遭尅伐。殺會印．乃化尅爲生也．故曰功藉栽培．及至運入財鄉．破印生殺．有不卒遭尅伐者乎．總之。制凶作吉。全憑調伏之功。借殺爲權。妙有中和之法。身能任殺．殺卽爲權．但見殺凌衰主。究必傾危。勿謂格得殺神。遂誇軒豁。

■正印賦

陽生陰日。陰生陽干。譬居官而受印。爰享祿而持權。甲逢亥子而神旺。乙遇壬亥而根堅。申中之壬得氣。而乙邀培植。丑辰之癸透干。而甲藉生全。假如甲木日干．以癸水爲正印．子丑辰三支．所藏癸水．亦正印也．乙木日干．以壬水爲正印．亥申二支．所藏壬水．亦正印也．助正官而彌增榮顯。化凶殺而妙有周旋。倚以扶身。印旺兮不愁衰弱。取之爲格。印破兮立見迍邅。子衆母虛。子字．指比刦．非食神也．蓋因比刼重疊。母多子病。只爲梟正連綿。印得力兮切忌貪財而壞印。太過兮反以見財爲歡。財能壞印．取印爲用之命．不宜見財．若印多之命．又必須財制之也．陰干死處實生。不以死論。陽干敗地卽印。豈作敗看。以陽死陰生．陰死陽生論．如乙木雖死於亥．亥中有壬水正印．故曰．陰干死處實生．如甲木衰敗於辰．辰中有癸水正印．故曰．陽干敗地卽印．至推究乎運途。須先審乎格局。入他格兮。不盡以印爲重輕。取印格兮斯專以印爲榮辱。官殺之地喜其相生。財食之鄉。慮其反覆。當生印重。喜逢財而得中。原局財多。恐見印而不祿。若日干旺地。固印死而非宜。如甲日而行卯運．乃日干之帝旺．卽癸水正印之死地．此以陰陽同生同死論．水長生於申．死於卯也．然印綬旺鄉。亦官死而何福。如甲日而行子運．乃癸水正印之旺鄉．卽辛金正官之死地．此亦陰陽同生同死論．水長生於甲．旺於子．金長生於巳．死於子也．故論印財之先後。不必拘隅。惟問日主之旺衰。庶無偏曲。

■偏印賦

陰來生陰。陽來生陽。是乃偏氣之養育。非同正印之慈祥。丙遇甲寅兮。及亥中之甲。皆賴之以生燄。丁逢乙卯兮。及辰未之乙。均倚之以發光。假如丙火日干．以甲木爲偏印．寅亥二支．所藏甲木．亦偏印也．丁火日干．以乙木爲偏印．卯辰未三支．所藏乙木．亦偏印也．惟尅食最凶。故有梟神之號。倘生身有用。亦爲佐主之良。惡殺得之而化其暴悍。傷官用之而禦其強梁。身旺食輕。逢之而必遭吞啗。官多印缺。借之而亦致榮昌。若甲丙生亥寅之月。庚壬產巳申之方。理取長生。不以偏論。根同真母。豈作梟詳。日干太旺兮。有梟愈增其亢厲。比刼爲患兮。得梟益助其猖狂。求以制梟。偏財勝於正財。較爲有力。依之爲命。偏印同於正印。不可遭傷。食神入格兮。見梟深愁損害。梟神結黨兮。得食立見災殃。原局固若斯取斷。運途亦如此酌量。

■正財賦

陽日尅陰。陰日尅陽。譬己財之聽我享用。若正供之應得輸將。甲見己與丑未兮。及午中之己。皆堪取用。乙逢戊與辰戌兮。并寅巳之戊。亦可推詳。假如甲木日干。以己土爲正財。丑未午三支。所藏己土。亦正財也。乙木日干。以戊土爲正財。辰戌二支。所藏戊土。亦正財也。清而入格兮。貴顯不須官殺。濁而成局兮。富饒亦甲鄉邦。無破無冲爲美。得時得位彌昌。生官而廟廊赫奕。滋殺而台閣軒昂。奪財兮刼凶於比。生財兮食勝於傷。財喜藏兮。無氣之藏。不如顯露。財愛庫兮。失時之庫。無異凶亡。官殺疊逢兮。財輕易洩。刃祿得力兮。財衆無妨。身旺財微。須藉食傷生發。財多身弱。反資比刼相幫。夏月旺火遇多金。豐盈異衆。春時衰土臨衆水。聚散無常。財帶凶神。或因財而禍殃突至。財居空絕。（一空亡二絕地。）縱有財而受用不長。財喜殺兮。蓋喜其尅降比刼。財妬印兮。蓋妬其損害食傷。至推運道之榮枯。全看日干而探索。日旺兮喜財運以爲榮。日衰兮臨財鄉而彌弱。多財而運逢兄弟。衰主蒙安。（四柱財多。而運逢比刼。轉危爲安矣。）貪財而運并煞官。羣凶肆虐。（四柱財多。而運逢官殺。似安實危矣。）財神結黨。行印運而災來。比刼成羣。遇財鄉而難作。故知財雖養命。總非弱主能勝。印卽扶身。勿與旺財相角。若滿局之皆財。乃棄命而相託。行旺財之運。倍見榮華。遇生身之鄉。立看彫落。（此指棄命從財而言。）大抵從殺者殺生印綬。卽嫌命主萌芽。從財者財生煞官。反喜日干剝削。故從煞之運。僅生殺與殺地宜行。而從財之運。凡生財與財生皆樂。正財偏財無異。皆可相從。陽從陰從較殊。貴乎斟酌。總之借財爲喻。原非專指金銀。用財多端。不必侈談囊橐。

■偏財賦

陽尅陽類。陰尅陰儕。乃借他干之正配。故稱日主之偏財。丙見庚申兮。巳地亦生庚可取。丁逢辛酉兮。丑戌皆挾辛以來。假如丙火日干·以庚金爲偏財·申巳二支·所藏庚金·亦偏財也·丁火日干·以辛金爲偏財·酉戌丑三支·所藏辛金·亦偏財也·爲忌爲宜。略與正財無異。在格在運。亦愁比刼爲災。惟尅制梟神。最爲切當。如遭逢正印。喜不相乖。干遇兮只是財神。更無他理。支藏兮每兼他物。貴在取裁。正與偏俱美兮。不嫌雜見。財與命相停兮。日干之勢力·與財相仿·謂之財命相停·乃謂和諧。至棄命之喜忌。依正例以推排。羨爲橫財。非理之妄談當闢。專尊時上。相沿之錮見宜開。

■倉神賦

陽自陽生。陰從陰育。譬人子賴親以生。猶人親食子之祿。甲逢丙巳兮寅位丙生。乙逢丁午兮未戌丁伏。假如甲木日干。以丙火爲食神。寅巳二支。所藏丙火。亦食神也。乙木日干。以丁火爲食神。午未戌三支。所藏丁火。亦食神也。有氣兮不滅財官。成格兮可兼壽福。殺星相遇。寇餤頓衰。日主受傷。母仇能復。七殺爲日干之寇讎。食神爲日干之子息。七殺太盛。日主受傷。得食神以制之。寇餤頓衰。卽子復母仇之義。陰日得之兮最能降殺。而定國安邦。陽日見之兮兼可佐官而秉鈞當軸。子如無子。緣坐空鄉。兒又生兒。方成美局。食神坐於空亡之地。故曰子如無子。食神復自生財。故曰兒又生兒。蓋食神取貴。須觀財氣通源。若食格遭妝。全爲梟神肆毒。印官多見。亦屬非宜。比刼疊兮還愁不足。官印重逢。其食神必致力薄。故曰亦屬非宜。比刼疊見。還愁不足者。卽徐大升所謂木多火熾。火多土焦。土多金埋。金多水濁。水多木漂之義。正當月令。不慮空虛。略雜傷官。便成混濁。主強食寡兮貧罄瓶罍。主弱食多兮災生口腹。至行運之美惡。亦準此以推求。患食之多。卽遇梟亦爲有用。慮食之寡。惟制梟乃可無憂。食神既多。勢必盜洩日干元氣。故喜梟神以制之。食神既少。又見梟神以剋之。其食神必難存在。故喜逢財以制梟也。有食不見財來。何異塵羹土飯。用食忽逢梟至。正如紾臂扼喉。若乃滿局食神。亦依棄命之例。一綫孤主。宜爲從食之謀。行其旺相之方。不待滿籌致祝。遇其死絕之地。定知覆餗貽羞。最喜財鄉順生而歡如酬酢。切嫌印強運制而禍起仇讎。行官殺兮。雖所尅而宜酌。逢比刼兮。似得生而有尤。指從食格言。總之食之黨類雖多。不作傷論。食之性情本粹。豈與傷侔。

■傷官賦

陽由陰毓。陰自陽生。原非氣類。專尅官星。丙逢己與丑未兮。午中之己。亦能盜內。丁見戊及辰戌兮。寅巳之戊。均可病丁。假如丙火日干。以己土爲傷官。丑未午三支。所藏己土。亦傷官也。丁火日干。以戊土爲傷官。辰戌寅巳四支。所藏戊土。亦傷官也。竊命主之元神。既非良善。傷日干之貴氣。更肆縱橫。此言傷官之弊。既洩日干。又尅正官。然善惡何常。但須駕馭。而英華發外。多主聰明。遇殺而議合留。或資其用。需財而求生發。亦賴其能。此言傷官之利。既可合殺。又能生財。稍雜食神。祇以傷論。旣成傷格。當以日評。日旺者用財。兼以洩其凶暴。日弱者用印。俾其服我使令。月令之傷爲深。深而且强。當制之而勿縱。他處之傷爲淺。淺而可用。宜扶之使勿傾。若見官之可否。須就局以權衡。或有印。或多比。官見不爲大害。傷官太旺·固嫌洩氣·正官再見·更虞尅身·若得多數比肩以助之·自無大害·或少印。或無比。官逢詎是休徵。乃有輕看四柱。强別五行。謂火土、土金、宜傷盡者。以水木之官爲無益。謂水木、木火、可見官者。以土金之官爲相成。夫以理言之。有用則皆有用。以勢論之。無情則皆無情。卽金水之傷。惡寒。或因得火而溫煖。乃火土之傷。畏燥。何不借水以澄清。固宜因命干以取舍。更須隨時令爲重輕。此乃闢舊載火土傷官宜傷盡·金水傷官喜見官之說·

行運亦然。取裁貴當。傷重復行傷運。主氣盡而彫枯。傷輕復到尅鄉。用神殘而愴怛。或先財後印。必印之不與財戰者。乃能扶吉而抑凶。或先印後財。必財之不爲印害者。始爲有得而無喪。多比多刦之旺主。因遇官而傷乃彌淸。

失時失勢之衰干。豈加官而身能無恙。總之首以見財爲要。無財兮。雖巧慧而究必賤貧。雖以得印爲佳。用印兮能均停而自然榮暢。若乃滿局皆傷。逞凶無狀。亦須棄命以相從。必宜順勢而勿抗。惟財神相遇。可曲引其性情。苟印運忽來。必相爭而傾蕩。此指從傷格言。較食神終非善類。不喜多逢。用傷官究屬偏鋒。無庸深尙。

■比刼賦

陽逢陽類。陰逢陰類。是名爲比。陽逢陰朋。陰逢陽朋。是名爲刼。其氣雖同。其情不協。皆取天干以推。不爲天干而設。甲憎甲乙兮亥生寅祿及卯刃。安可同科。丁忌丙丁兮午祿巳旺幷未衰。各自有說。甲木見甲木爲比肩。見乙木爲敗財。見亥爲長生。見寅爲祿。見卯爲刃。丁火見丁火爲比肩。見丙火爲刦財。見午爲祿。見巳爲帝旺。詳見卷一看比刦祿刃法。比則輔主之力勝。而見財亦侵。刼則相主之義輕。而奪財尤切。衰干失令。比可仗而刼亦堪依。亢主乘權。比增威而刼亦加烈。惟合殺。於陽日有功。陽日之敗財皆可合殺。而敵殺。使陰干不怯。陰日之刼財。皆可敵殺。正印見之而榮分。真官遇之而貴竊。比刼能洩印氣。故曰分榮。比刼能抗官威。故曰竊貴。食神遭之而致養不專。傷官倚之而逞凶難折。比刼爲資生食神之神。亦爲資生傷官之神。資生食神猶可。若資生傷官。則流弊多矣。不問藏財露財。並受其殃。惟有正官偏官。可除其孽。論局兮。但依此理。斷運兮。亦無他訊。總之四柱排推。六親取用。不須多見斯神。卽使兩干不雜。如甲年甲月乙日乙時。一氣相連。如丁年丁月丁日丁時。未必便堪欣悅。

■祿刃賦

陰陽諸干。祿刃互例。祿是本氣。入命以爲喜神。刃則異情。刼財故張殺勢。祿泥月日時支取格。遂有此喜彼忌之殊。刃兼戊辰丑未推詳。蓋昧陰後陽前之義。詳見卷一看比刼祿刃法。夫一字之祿。可以格言。豈四柱之神。盡從閒廢。祿得力兮。不過扶日有功。祿太多兮。亦恐傷財不利。謂日祿歸時。憎官愛傷者。固謬妄之談。謂建祿專祿，離祖刑妻者，亦拘攣之議。至陽刃在子午卯酉，陰刃在巳亥寅申，皆刼財之惡曜，誠害物之凶神。惟陰日取以幫身，變衰成旺，而陽日用之合殺，轉害爲恩。殺刃相須兮，一缺而威權不振，殺刃相濟兮，兩停而勢位彌尊。陰刃傳訛，禍福故無確驗，陽刃取斷，喜忌亦多妄分。凡支均不宜逢，何獨時逢切忌，在局旣云喜合，豈應歲合偏嗔。俗謂刃忌時逢，亦忌歲合，毫無義理，殊不足言。多見兮定能爲禍，遇冲兮必至遭迍。總之祿之與干，一德同心，助諸格皆爲有益，刃之爲物，多凶少吉，必弱主方喜相親。

從局賦

日主無根，勢屈不堪培植，他神滿局，黨多難以伏降。貴達權以通變，宜捨弱以從強。從殺其常，正官理應同例，從財固美，食傷力亦相當。舊書謂日主無根，可以從殺從財，其實日主果係無根，官亦可從，食傷亦可從耳。惟印多則無從理，蓋母衆反作子殃。凡所從之神，被尅則爲破局。此已棄之命。逢根卽屬不祥。從局既成·最忌行反對從神之運·如從財之土·則忌行水木運·從官殺之金·則忌行木火運·從食傷之水·則忌行土木運·餘倣此·從神遭遇資扶。知福力之深厚。從神輾轉生育。喜秀氣之發揚。從之上者。則貴登台閣。從之次者。亦富擁倉箱。若歲運不齊。豈終身能無少馭。苟制化有道。則大局仍自無妨。如從土之財·行火土運最好·倘歲運竟逢水木·與所從之神·極端反對·得其他土金調劑之·或干支合沖化解之·亦可無妨·

更有主帶微根。真假而而未淨。運行棄局。假成真而亦昌。但運過還防凶發。必局純乃得福長。日主衰弱·達於極點·雖略有奧援·稍帶微根·亦可作從局論·但不眞切耳·然必須運行所從之神·始可得志·過此仍防凶發·較之純粹從局·究遠遜也·

■化局賦

四柱取格爲真。固宜審酌。十干遇合而化。尤貴推尋。甲己合而化土。乙庚合而化金。丙辛合而化水流濕。丁壬合而化木成林。戊癸合而化火。皆陰陽配而同心。甲遇兩己。己遇兩甲兮。凡見二則爭而非化。甲畏庚尅。己畏乙尅兮。但遇一則妬而相侵。一甲遇二己・一己遇二甲・乃是爭化・蓋二者爭一也・甲己聯合・遇庚遇乙・乃是妬化 蓋甲畏庚尅・己畏乙尅也・有丁有壬雙露。則其局必敗。或丁或壬單見則為害不深。甲己化土格・單逢壬字・或單逢丁字・為害尚淺・若丁壬並見・聯合化木・與甲己化土・極端反對・則為害深矣・總之尅我我生之木金忌其相見。生我我尅之水火喜其加臨。此指甲己化土格言・故忌化木尅我・化金洩我 若化水潤土・化火暄土・此皆為化土所最喜者・餘類推・若辨化局之假真。全察地支之情勢。先觀月氣。乃化神根本之鄉。更重時支。必化神生旺之地。時趨絕處。化必不成。月屬他神。化尤難冀。年支稍遠。亦須與化無乖。日支較親。更求於化有濟。迨行運之吉凶同原柱之則例。遇助化之物。則氣勢加隆。值破化之神。則程途不利。如甲己化土格・行火土運・與化土聲應氣求・固為助化・即行戊運而命中有癸・癸運而命中有戊・化火暄土・行丙運而命中有辛・辛運而命中有丙・化水潤土・亦為助化・其益無方・故氣勢即加隆也 若行丁運而命中有壬・壬運而命中有丁・化木尅土・行乙運而命中有庚・庚運而命中有乙・化金洩土・即是破化・故曰程途不利・化神一路如意通顯無疑。化神一字還原災危立至。既無尅破刑冲之運・亦無爭合妬化之途・即是一路如意・如丙辛化水格・逢丙運或辛運・爭合妬化・致丙辛化水不純・仍是丙火辛金・謂之還原・災殃立至・自屬不可免矣・然而局多變化卽假格兮。得運亦可成眞理實圓通。雖尅神兮。合宜亦非深忌。化局眞假不一。然有眞格變假。假變眞者。當於原柱及所行之運消息之。果所化之神。氣勢有餘。雖原柱與行運。略見尅洩之神。亦不得謂爲深忌也。至於取必辰字。謂龍飛方是化神。則凡遭遇寅支。彼虎變寧無化意。況五行各異愛憎。且一庫有何情致。若此荒唐。亟宜廢置。舊謂逢龍則化。龍。辰也。甲己得戊辰。戊屬土。故化土。乙庚得庚辰。庚屬金。故化金。丙辛戊癸丁壬皆然。非謂原柱見辰。始言化局也。

■一行得氣賦

五行合宜。固爲吉利。一行得氣。亦主光亨。木火日而或方或局全逢。則爲曲直炎上之格。金水日而或方或局完具。乃有從革潤下之名。土日四庫俱全。當以稼穡取用。支位三神有力。亦以稼穡推評。詳見卷一看一行得氣法。皆占一方之秀氣。不同六格之尋常。所愛者得時當令。所利者遇旺逢生。但體質亦覺過專。引通爲妙。而精神必有所嚮。審察須精。水局見火。火局見金。斯乃財神資養。

金局生水。水局生木。是爲秀氣流行。大抵秉令成方。如甲木日主。支全寅卯辰。即成方也。生立春後。或穀雨前三日。即秉令也。則福祿並臻。而位登顯要。即使失時得局。如甲木日主。支會亥卯未。即爲得局。若生未月。即稍嫌失時矣。亦功名不誤。而身獲康寧。若原局徽伏破神。須運有合沖之妙。苟行運偶逢尅地。貴柱有尅化之神。總之。干乃領格之神。陽氣爲强。而陰氣爲弱。支乃會格之具。方力較重。而局力較輕。

■兩神成象賦

道有時乎取奇。一行獨秀。理更妙於用耦。二氣雙淸。四柱中只有二干二支。而又僅占二行。或水木。或木水。或火土。或土金。或金水。或木土。或土水。或水火。或火金。或金木。純粹不雜。故曰雙淸。或木或火。判兩類而相停。相生必欲平分。無取稍多稍寡。或水或金。占四柱之各半。各占二干二支之謂。相尅務須均敵。切忌偏重偏輕。如用水金。彼火土豈能夾雜。倘取水木。則土金不可交爭。格既如斯而取。運亦倣此而行。如金水各占二干二支。曰金水相生格。運行金水最佳。火土大忌。如水木各占二干二支。曰水木相生格。運行水木最佳・土金大忌・一路澄清。必位高而祿厚。中途混亂。恐職奪而家傾。故此格最難全美。而看法貴在至精。若生而復生。乃是流通之妙。倘尅而遇尅。亦爲和合之情。或謂理僅兩神。似嫌狹小。不知格分十種。儘費推評。

■暗衝暗合賦

正格出於柱中。精詳有準。用神在於柱外。變化無窮。局無一點官星。須尋暗貴。支有三神同類。可動對宮。法或用冲。蓋取勢相激發。格或用合。則因理本和同。如丙日遇午多。冲癸官於子位。辛日逢亥衆。冲丙貴於巳中。用丙午丁巳之日者。喜生炎夏。用辛亥癸亥之日者。妙產嚴冬。又如甲日辰多。合酉內辛金氣協。戊日戌衆。合卯中乙貴情通。用甲辰之日者。春時爲美。用戊戌之日者。秋冬有功。更有庚日得申子辰。全逢潤下。對宮有寅午戌。可以相冲。總之所冲所合之神。切忌柱中塡實。如丙午日・原柱疊見午字・並無一點正官・藉此午字・暗冲子中癸官・此卽暗冲官格也 假使行運逢癸逢子塡實癸官。必咎戾。若原柱已有癸字或子字。雖午字重逢。亦不得以暗冲格論。冲彼合彼之物。亦防他曜相攻。如丙午日。午字重逢。而原柱有未字合午。或己字傷癸。亦不得以暗冲官格論。冲格果真。鳳閣鸞台赫奕。合格如確。如甲辰日。原柱疊見辰字並無一點官星。藉此辰字。暗合酉中辛官。此卽暗合正官格也。使行運逢辛逢酉。塡實辛官。仍以破格言凶。若原已有辛字酉字。雖辰字重逢。亦不得以暗合格論。玉堂金馬雍容。蓋冲則直冲。非午破卯破之迂迴尅出。而合則竟合。非子遙丑遙輾轉相逢。故置彼而取此。實勢順而理從。

■女命賦

命殊男女。理應陰陽。易著坤貞。美莫美於柔順。書稱家索。忌莫忌乎剛强。首看夫星。全憑官殺。次推子息。兼取食傷。財以資夫。宜輕宜旺有別。印雖扶主。用偏用正當詳。或梟或刃或傷。如逢必害。爲冲爲刑爲合。多見不祥。若乃得氣正官。遇財扶必膺鳳誥。乘權獨殺。有食制定拜龍章。傷官入格而不見官。芝蘭競秀。食神有氣而無奪食。瓜瓞無疆。柱之夫星。財成象而良人必貴。原柱雖無官殺．而財星有氣．故良人必貴．局無子曜。夫乘旺而後嗣必昌。原柱雖無食傷．而財官當旺．日主有氣．故後嗣必昌．官若太强。反取傷官爲用。官強則身弱．取傷制官．使得其平．夫反發旺．子如過旺。却宜梟印相當。食傷太旺．則日主傾危．得梟印以調劑之．子竟蕃衍．比刼幫身。畢竟爭官分食。德貴扶主。自然增福消殃。德者．天月二德．貴者．天乙貴人．若運途之宜與不宜。卽原局之喜與不喜。夫榮子茂。皆因損益適中。尅重身輕。豈亦倡隨敵體。性情和戾。但看四柱之神。志操端邪。不外五行之理。况合婚而匹配。佳偶反致無成。造諸殺以推評。貞婦恐遭輕詆。喜道人家曖昧。多受責於鬼神。妄談女命邪淫。必貽殃於孫子。

陳按。　女命生尅之理。與男命同。若拘定男要剛女要柔之說。反不驗矣。

精選命理約言 卷三

嘉興韋千里選輯

論 四十八篇

■天干論

甲丙戊庚壬。五干爲陽。乙丁己辛癸。五干爲陰。以先天言之。固一原同出。以後天言之。亦一體相包。陽之中。未嘗無陰。陰之中。未嘗無陽。甲乙一木也。丙丁一火也。戊己一土也。庚辛一金也。壬癸一水也。卽分別取用。不過陽剛陰柔。陽健陰順而已。命家作爲歌賦。比喻失倫。甲爲棟梁。乙爲藤蘿。丙爲太陽。丁爲燈燭。戊爲城牆。己爲田園。庚爲頑鐵。辛爲珠玉。壬爲江河。癸爲雨露。相沿既久。以爲其理實然。用以論命。則謂甲爲無根死木。乙爲有根活木。遂至一木而分生死。豈陽木獨稟死氣。而乙木獨稟生氣乎。又謂活木畏水泛。死木不畏水泛。豈活卉遇水且飄。而枯槎遇水。反定乎。論斷諸干如此之類。不一而足。當盡闢之。只以陰陽取用。先看生尅。隨看制化。陰陽皆然。惟陽不甚受尅。陰不甚畏尅。陰易於他從。陽難於他從。此則少爲異耳。

地支論

地支有以子至巳爲陽。午至亥爲陰。蓋以冬至陽生。夏至陰生論也。有以寅至未爲陽。申至丑爲陰。蓋以木火爲陽。金水爲陰論也。命家則以子寅辰午申戌爲陽。丑卯巳未酉亥爲陰。若夫子從癸。午從丁。是體陽而用陰也。巳從丙。亥從壬。是體陰而用陽也。分別取用。亦惟剛柔健順之理。與天干無異。但生尅制化。其理多端。蓋因一支所藏。或二干或三干故耳。然以本氣爲主。如寅必先甲而後及丙戊。申必先庚而後及壬。餘支皆然。至於陽支性動。吉凶之發恆速。陰支性靜。禍福之應較緩。陽支氣闢。光亨之義可觀。陰支氣翕。包合之理斯具。在局在運。均以此意消息可也。

■干合論

十干甲與己合。丙與辛合。戊與癸合。庚與乙合。壬與丁合。陰陽相配。五陽得五陰爲財。五陰得五陽爲官。財官皆吉神也。所忌分合。如甲合己而又見一甲。己合甲而又見一己是也。又忌爭合。如甲合己而又見一己。己合甲而又見一甲是也。若甲合己而見庚乙。庚自以殺論。乙自以刼論。己合甲而見庚乙。庚自以傷官論。乙自以殺論。俱不以妒合論。餘干倣比。然日遇合神。卽無分爭。亦尋常未貴。當合四柱觀之。若癸日畏己。得甲合之。則貪合而不爲癸禍。壬日愛己。遭甲合之。則貪合而不爲壬福。喜忌之法。宜倣此意而推。舊說有取露干合支中暗干者。則滿局無所不合。無所不分爭矣。此不可從。至於因合而化。則爲化合。另有作用。若舊說以甲己爲中正之合。乙庚爲仁義之合。何以此四干之合獨美。丙辛爲威制之合。丁壬爲淫慝之合。戊癸爲無情之合。何以此六干之合獨惡。誠如是。則人命遇甲己乙庚作合。宜皆中正仁義。何以不少奸邪。遇丙辛丁壬戊癸作合。宜皆威制、淫慝、無情。何以多有端正。且辛丁爲丙壬正配。何用威制。豈同宣淫。凡稱陽者必兼老陽少陽。稱陰者。必兼老陰少陰。戊何以稱爲老陽。癸何以獨爲少陰。而至於無情。是必甲丙庚壬皆少陽。乙丁己辛皆老陰而後可。苟或不然。則無情又豈獨戊癸耶。此皆忘說之當闢者也。

■干衝論

天干甲庚相衝。乙辛相衝。壬丙相衝。癸丁相衝。蓋東與西。南與北相對也。丙庚丁辛相見以尅論。不以衝論。蓋南與西不相對也。戊己無衝。蓋居中無對也。以恆理論之。庚辛能衝甲乙。壬癸能衝丙丁。然甲乙得時得勢。亦能冲庚辛。丙丁得時得勢。亦能衝壬癸。法當參看地支。如甲坐寅。庚坐申。是爲上下俱冲。其戰更急。或甲坐申。庚坐寅。是爲交互相冲。其爭不休。倘甲庚俱坐申。則甲冲倒矣。即不坐而柱中有寅申。亦爲助衝。但較緩耳。餘俱倣此。凡所喜之神畏冲。所忌之神欲冲。又有和衝之法。如甲庚衝而得壬是也。有制衝之法。如甲庚衝而得丙是也。總之。止是干神相衝。易和易制。更有地支黨助。則和與制俱費舒配矣。

■支三合論

地支有三位相合成局者。如亥卯未合成木局。寅午戌合成火局。巳酉丑合成金局。申子辰合成水局。皆取生旺墓一氣始終也。柱中遇三支合局。吉凶之力較大。亦有取二支者。然以旺支爲主。如木局或亥卯或卯未皆可取。亥未次之。凡合忌冲刑。而冲爲甚。如亥卯未局雜一巳酉丑字於其中。而又與所冲之字緊貼。是爲破局。惟冲字雜於其中而不緊貼。或冲字處於其外而緊貼。則會局與損局兼論。若刑字雜於其中。卽緊貼亦未破局。但微傷耳。苟刑字在內不緊貼。或在外緊貼。竟同閒字置之。勿論可也。其二支會合者。以相貼爲妙。中間冲字間之。卽破。閒字間之。亦遙隔無力。須天干領出可用。要之。較三支會合力量大遜矣。

■支六合論

地支有六位合。六位者。子與丑合。寅與亥合。是也。其理蓋由日月合朔而來。十一月建子。合朔於丑。十二月建丑。合朔於子。故子丑相合。正月建寅。合朔於亥。十月建亥。合朔於寅。故寅亥相合。餘合亦然。皆須二字緊貼。方取。間以冲字卽破。間以閒字卽無力。凡六合不若三合之能會局。當合而合。可以和戰爭。益福氣。不當合而合。則爲羈絆。爲淫佚。合太多。尤不宜也。

■支方論

十二支寅卯辰爲東方。巳午未爲南方。申酉戌爲西方。亥子丑爲北方。凡三字全爲之成方。如寅卯辰全。亦同木局取用。戊日寅月見三字。俱以煞論。遇卯月見三字。俱以官論。己日反是。遇辰月視寅卯之勢孰重。以分官煞。其餘倣此。所畏冲刑破害。俱與三合局相同。若止二字。則竟不取。舊說謂方局不可相混。然用木方而見亥字。是爲生方之神。見未字是爲方尅之財。有何不可。即用三合木局。而見寅字。是其同氣。見辰字。是其財神。豈有所損累耶。至於較其作用。則局之用多。而方之用狹。勿於論方別生穿鑿也。

■支衝論

十二支子午相衝。丑未相衝之類。各支中所藏互相尅冲。得令者衝衰則拔。失時者衝旺無傷。冲之者有力。則能去之。去凶神則利。去吉神則不利。冲之者無力。則反激之。激凶神爲禍。激吉神雖不爲禍。非能因觸動而獲福也。舊說謂子酉申亥。能冲午卯寅巳。午卯寅巳。不能冲子酉申亥。然午中之己。亦能尅子中之癸。寅中之丙。亦能尅申中之庚。巳中之戊。亦能尅亥中之壬。但看乘權得勢。卽午卯豈不能傷子酉。寅巳豈不能傷申亥乎。又謂二不冲一。夫兩不相能。則多助者愈肆侵伐。譬之仇家相値。豈必各一人。則操戈。多一人反袖手乎。要之。命運逢冲多凶少吉。或兩冲相遇。而格中運中各有合神解之。或兩冲之內。有喜有忌。而格中運中能扶所喜。而抑所忌。亦不失爲吉耳。舊取子午卯酉全見。寅申巳亥全見。辰戌丑未全見。皆可言格。究竟本來直是四冲。終不穩當。或天干調劑得宜。亦有入貴格者。若辰戌丑未舊說概云喜冲。然有宜有不宜。其理多端。詳在看雜氣法中。觀在月令如此。則在他支可知矣。

支刑論

地支相刑。以局加方取之。亥卯未木局加亥子丑之方。故亥刑亥。卯刑子。未刑丑。申子辰水局。加寅卯辰之方。故申刑寅。子刑卯。辰刑辰。寅午戌火局。加巳午未之方。故寅刑巳。午刑午。戌刑未。巳酉丑金局。加申酉戌之方。故巳刑申。酉刑酉。丑刑戌。內除未刑丑。申刑寅。係相冲外。故以寅刑巳。巳刑申。及丑刑戌。戌刑未。爲三刑。子卯爲相刑。辰午酉亥爲自刑。嘗考究其理。木局加水方。水局加木方。是爲相生。何以相刑。舊說曰。木落歸根。水流趨東也。夫歸根趨東。是則理勢甚順。更不當刑矣。火局加火方。金局加金方。皆爲本氣。何以相刑。舊說曰。金剛火强。自刑其方也。夫太剛過强。是必害己之物。乃絕不傷他氣也。且辰午酉亥本支。卽刑本支。尤不近理。舊說曰。子卯一刑也。寅巳申二刑。丑戌未三刑也。故稱三刑。是又遺自刑矣。但自唐以來。相傳如此。凡命中遇寅巳申。或丑戌未三刑。吉則職掌刑名威柄。凶則刑禍。子卯之刑多不吉。辰午酉亥自刑。不甚計論。又有刑去刑歸之說。夫刑與沖異。不過相戕而已。安能刑去。既相戕矣。又安能使之來歸耶。卽丑戌未藉以開庫。亦有宜有不宜。要之。三合之法。十二支周徧均平。而生旺墓之理又順。相刑之法。或三或二或一。例既偏駁雜亂。而又無確然之理。大約不足深信。人命有遇刑而操威柄者。四柱本吉耳。有遇刑而獲凶禍者。四柱本凶耳。非必皆刑之故。且不遇刑而獲凶禍。操威柄者。亦多矣。嘗見一老學訂正云。刑由合來刑。則子刑卯。卯刑午。午刑酉。酉刑子。是爲旺神相刑也。寅刑巳。巳刑申。申刑亥。亥刑寅。是爲生神相刑。丑刑辰。辰刑未。未刑戌。戌刑丑。是爲墓神相刑。名曰三刑。蓋生旺墓三者。各立門戶而相爲妒害也。其論較有理。然未敢遽定爲例。若無禮之刑。恃勢之刑。無恩之刑。一一曲爲詮解。更屬支離無當。宜亟闢之。

支害論

地支六害。由六合而來。冲我合神。故謂之害。子合丑而未冲之。故未害子。丑合子而午冲之。故午害丑。寅合亥而巳冲之。故巳害寅。卯合戌而辰冲之。故辰害卯。辰合酉而卯冲之。故卯害辰。巳合申而寅冲之。故寅害巳。午合未而丑冲之。故丑害午。未合午而子冲之。故子害未。申合巳而亥冲之。故亥害申。酉合辰而戌冲之。故戌害酉。戌合卯而酉冲之。故酉害戌。亥合寅而申冲之。故申害亥。總而計之。以六支害六支。是爲六害。且冲其合我者。必合其冲我者。其爲害多矣。內惟寅巳相害兼相刑。遇寅巳從害。遇寅巳申從刑可也。大抵六合之力。遜於三合。故六害之力。亦遜於三刑。人命中不宜多見。以吉害凶。未必能去凶。以凶害吉。亦能損吉。舊書又有所謂破者。如卯破午。午破酉之類。然不遍及能十二支。蓋以此法推之。非刑卽合故也。夫刑與害各有所自來。破之義無所起。且刑害已紛紛矣。又加以破。不亦繁雜乎。至破出某神之說。尤爲穿鑿削之可也。

■五行旺相休囚論

五行旺相休囚。按四序取之。將來者進。是爲相。進而當令。是爲旺。成功者退。是爲休。退而無氣。是爲囚。木相於冬。旺於春。休於夏。囚於秋。火相於春。旺於夏。休於秋。囚於冬。金相於夏。旺於秋。休於冬。囚於春。水相於秋。旺於冬。休於春。囚於夏。土與火同。但春夏隨母相旺。理猶可通。秋冬照例休囚。何以處九月之戌。十二月之丑乎。故論土只當以四季爲旺。餘月但論生剋爲是。凡四柱干支。須辨旺相休囚。或日主。或喜神。欲旺相不欲休囚。或凶煞。或忌神。欲休囚不欲旺相。然相妙於旺。旺則極盛之物。其退反速。相則方長之氣。其進無涯也。休甚於囚。囚則既極之勢。必將漸生。休則方退之神。未能遽復也。凡所喜所忌。宜以此意消息之。

■十干生旺墓等位論

舊書十干從各支起長生。沐浴。冠帶。臨官。帝旺。衰。病。死。墓。絶。胎。養。十二位有陽生陰死。陰死陽生之異焉。夫五陽育於生方。盛於本方。斃於洩方。盡於剋方。於理爲順。若五陰生於洩方。死於生方。於理未通。卽曲爲之說。而子午之地。終無產金產木之道。寅亥之地。終無滅火滅水之道。諸舊書命格。丁遇酉以財論。乙遇午。己遇酉。辛遇子。癸遇卯。以食神論。俱不以生論。乙遇亥。丁遇寅。癸遇申。以正印論。己遇寅藏之丙。辛遇巳藏之戊。亦以正印論。俱不以死論。其論墓則木必於未。火必於戌。金必於丑。水土必於辰。從無以戌爲乙墓。丑爲丁己墓。辰爲辛墓。未爲癸墓者。則陰陽同生同死爲是。考廣錄云。甲乙一木。而分陰陽。非可以死木活木歧而二之。旣爲一木。同生同死。故古人止有四長生。此說可爲確據矣。至其中命名取義。亦多未通。如長生之後。繼以沐浴。謂之敗地。若嬰兒初生。沐浴氣弱。不能勝而敗也。夫沐浴細事。既不足列於生旺之屬。且世無因浴遂至敗壞者。若以爲淫慾之煞。豈裸形而浴者。皆宣淫乎。況自生起旺。一路發榮滋長。方生何以忽敗。既敗何以能復旺也。冠帶雖成立之義。亦爲不倫。臨官之官。帝旺之帝。尤屬無謂。當正其名曰生。長。成。盛。旺。衰。病。死。墓。絕。胎。養。則名當而理順矣。至於土之生旺墓。有從寅起者。有從申起者。夫土位乎中央。貫乎八方。旺乎四季。原不必與四行同例。必不得已。則起寅近是。蓋申酉皆我生。既洩我氣。難言生長。亥子皆我剋。亦勞我力。難言盛旺。倘云水土一家之氣。則我尅者尚爲一家。生我之火。我生之金。安在非一家乎。若起寅。則母生俱生。母死俱死。其理差長。然自生寅至旺午。可以從母。至未戌丑皆其本氣。又難分衰墓養矣。則論土之法。只當以巳午爲生。寅卯爲尅。申酉爲泄。亥子爲財。四季爲旺。更自合理。何必拘拘數十二位乎。或曰。臨官卽祿也。帝旺卽刃也。祿刃以陽順陰逆取。則生死亦應以陽順陰逆取矣。是大不然。衰病官旺者。十干歷十二支盛衰之序也。失時退氣則爲衰病。當時得氣則爲官旺也。祿刃者。十干遇十二支取用之法也。異類有生剋。則取財官。同類無生剋。則取祿刃也。昭然兩義。何容藉口乎。

千里按　素庵先生論祿刃。力言乙丁己辛癸之刃。應在寅申巳亥。其唯一理由。爲「向來但知祿前一位爲刃。而不知陽以前爲前。陰以後爲前。」固屬真知灼見。發前人所未發。然攷陽以前爲前。陰以後爲前。卽是陽順陰逆之意。陰陽既分順逆。則生死自亦各殊。乃此篇又曰干支陰陽同生同死。似乎自相矛盾矣。至謂祿刃與臨官帝旺。截然兩義。亦非通論。竊以干支陰陽生死之說。山陰沈孝瞻先生所論最爲精當。特錄於後。藉資參考。其言曰。「

干動而不息。支靜而有常。以每干流行于十二支之月。而生旺墓絕繫焉。陽主聚。以進爲進。故主順。陰主散。以退爲進。故主逆。此長生沐浴等項。所以有陽順陰逆之殊也。四時之運。成功者去。待用者進。故每干流行于十二支之月。而生旺墓絕。又有一定。陽之所生。卽陰之所死。彼此互換。自然之運也。卽以甲乙論。甲爲木之陽。天之生氣。流行萬木者。是故生于亥而死于午。乙爲木之陰。木之枝枝葉葉受天生氣者。是故生于午而死于亥。夫木當亥月。正枝葉剝落。而內之生氣。已收藏飽足。可以爲來春發洩之機。此其所以生于亥也。木當午月。正枝葉繁盛之候。而甲何以死。却不知外雖繁盛。而內之生氣發洩已盡。此其所以死于午也。乙木反是。午月枝葉繁盛。卽爲之生。亥月枝葉剝落。卽爲之死。以質而論。自與氣殊也。以甲乙爲例。餘可知矣。支有十二月。故每干自長生至胎養。亦分十二位。氣之由盛而衰。衰而復盛。逐節細分。遂成十二。而長生沐浴等名。則假借形容之詞也。長生者。猶人之初生也。沐浴者。猶人既生之後。而沐浴以去垢也。如果核既爲苗。則前之青殼洗而去之矣。冠帶者。形氣漸長。猶人之年長而冠帶也。臨官者。由長而壯。猶人之可以出仕也。帝旺者。壯盛之極。猶人之可以輔帝而大有爲也。衰者盛極而衰。物之初變也。病者。衰之甚也。死者。氣之盡而無餘也。墓者。造化收藏。猶人之埋于土者也。絕者。前之氣已絕而後氣將續也。胎者。後之氣續而結聚成胎也。養者。如人養胎母腹也。自是而後。長生循環無端矣。人之日主。不必生逢祿旺。卽月非囚。而年日時中得長生祿旺。便不爲弱。就使逢庫。亦爲有根。時說謂投庫而必冲者。俗書之謬也。但陽長生有力。而陰長生不甚有力。然亦不弱。若是逢庫。則陽爲有根。而陰爲無用。蓋陽大陰小。陽得兼陰。陰不能兼陽。自然之理也。」

十二支作用論

天干作用。生則生。合則合。沖則沖。尅則尅。地支作用。則有種種不同者焉。如寅中甲木生火矣。而又有戊食洩火。巳中戊土生金矣。而又有丙煞尅金。非若干之生則生也。其不同者一也。如寅亥合矣。而寅中之丙。亥中之壬。未嘗不沖。辰合酉矣。而辰中之乙。酉中之辛。未嘗不沖。非若干之合則合也。其不同者二也。如寅申沖矣。而申中之壬。與寅中之甲。仍有情。巳亥沖矣。而亥中之甲。與巳中之丙。仍有情。非若干之沖則沖也。其不同者三也。如申中庚金尅木矣。而又有壬印。亥中壬水尅火矣。而又有甲印。非若干之尅則尅也。其不同者四也。又有天干所無之刑與害焉。如寅刑巳矣。而巳中之丙火卽生於寅。巳刑申矣。而申中之庚金卽生於巳。其不同者五也。如丑害午矣。而午火何嘗不生丑土。申害亥矣。而申金何嘗不生亥水。其不同者六也。不特此也。如亥未水土也。而會卯則成木局。巳丑火土也。而會酉則成金局。其不同者七也。如辰一土耳。論庫則爲帶水之土。論方則爲帶木之土。戌一土耳。論庫則爲帶火之土。論方則爲帶金之土。其不同者八也。諸如此類。不可枚舉。且年月日時。四支所藏之干。大約有十。其自相和戰。不知其幾也。其與四天干和戰。又不知其幾也。故看天干易。看地支難。是非深心確識。孰能盡其精微。得其要領乎。

■支干覆載論

取用干支之法。干以載之之支爲切。支以覆之之干爲切。如喜甲乙而載以寅卯亥子。則生旺。載以申酉。則尅敗矣。忌丙丁而載以亥子。則制伏。載以巳寅午卯。則肆逞矣。又如喜寅卯而覆以甲乙壬癸。則生旺。覆以庚辛。則尅敗矣。忌巳午。覆壬癸。則制伏。覆以丙丁甲乙。則肆逞矣。不特此也。干通根於支。

支逢生扶。則干之根堅。支逢沖尅。則干之根拔矣。支受蔭於干。干逢生扶。則支之蔭盛。干逢沖尅。則支之蔭衰矣。凡命四柱干支。有顯然吉神而失其吉。確乎凶神而不爲凶。皆是故也。可不詳察而審處之乎。

■諸神煞論一

舊書稱神煞一百二十位。一一細推起例。毫無義理者。十嘗七八且一字每聚吉凶神煞十餘。禍福何以取斷。此皆術家逞臆妄造。每一書出。則增數種。欲以何說惑人。卽立何等名色。往往數煞只是一煞。嘗稽歷日所載。尙多相沿之弊。何况通書命書乎。今考定神煞如天德月德。貴人。月將。空亡之類。皆有義理。其餘從太歲起者。爲真。不從太歲起者爲妄。真者精擇而存之。妄者悉舉而削之。或疑相沿既久。未必無驗。不知人命吉凶。皆由格局運氣。安可以偶合神煞而信之。卽如桃花。流霞。紅豔。等煞。爲男女淫慾之徵。然端人正土。烈婦貞女。犯之者甚多。況桃花煞亥卯未在子。寅午戌在卯。巳酉丑在午。申子辰在酉。皆五行生印。流霞煞如乙遇申乃正官。丙遇寅乃長生。辛遇酉乃祿神。何所見其淫褻乎。且春花無不沃治。何獨桃爲淫花。干支字面相見。有何紅色豔態。神煞誕妄。皆此類也。但一一闢之。太費辭說。達理之士。自當曉然耳。

■諸神煞論二

天德。月德。從每月起。天乙貴人。從每日起。月將從每月太陽躔次起。空亡從每旬起。其餘皆從太歲起。如驛馬則亥卯未在巳之類。皆太歲生動之氣也。又亥卯未太歲。以申爲刦殺。巳酉丑太歲。以寅爲刦殺。寅午戌太歲。以亥爲刦殺。申子辰太歲。以巳爲刦殺。皆太歲尅戰之神也。然以方論。非以月日時論。但月日時值之。亦可以斷吉凶。若歲前神煞。命家則每歲十二支皆有之。

歷家則每歲或某支有之。或某支無之。卽參差不一。考其起例。不過從太歲排列前去。非與太歲有損益也。是又無所取義矣。至於馬前神煞。又從驛馬之前排去。駕後神煞。又從太歲之後排起。二項尤屬無謂。此或某歲喜某字。惡某字。或某歲喜某時。惡某時。某月某日所喜所惡亦然。因立種種神煞。皆妄造也。故悉置之。若每月天喜。卽每月三合之神。每年將星。卽每年三合之主。則論合足矣。又太歲三合之墓。謂之華蓋。或以爲文章。或以爲孤高。亦不足憑也。

■太歲論

舊稱太歲爲諸煞之首。夫太歲至尊。非煞也。特諸煞皆從太歲干支而起耳。凡流年太歲。原柱干支。以之扶抑。大運干支。以之參贊。或干支俱爲柱運之福。或干支俱爲柱運之害。或干爲福。支爲害。或干爲害。支爲福。此須合看而深察之。舊書往往獨取天干。嘗攷歷載每年太歲甲子年則曰太歲在甲子。未嘗止言太歲在甲也。及列年神方位之圖。子下有太歲字。甲下無太歲字。奈何詳干略支耶。舊書又以日干尅歲爲犯。日干合歲爲晦。並主凶咎。此一偏之見。流年賦中。已辨之矣。若征太歲之說。尤爲不經。夫征者。上伐下也。太歲命中之君。可言征耶。惟陽歲干尅陽日干。陰歲干尅陰日干。而歲支又衝日支。是爲天尅地衝。間有不利耳。

■月煞論

舊書以流年每月所值神煞。取斷吉凶。謂之月將。夫諸煞可據者少。在原柱値之。尚不足憑。況流年之各月乎。或疑不用神煞。則每月吉凶。將何取斷。不知每年各月干支。亦能扶抑柱運。且各有時令。合之柱運。或此月相宜。或此月不宜。亦可精細分別。奈何舍顯白之干支。而用渺茫之神煞乎。至於每日每時吉凶。亦可依干支取斷。但如此推求。將失之太鑿矣。

■天月二德論

天德正月在丁。二月在坤。三月在壬。四月在辛。五月在乾。六月在甲。七月在癸。八月在艮。九月在丙。十月在乙。十一月在巽。十二月在庚。月德亥卯未月在甲。寅午戌月在丙。巳酉丑月在庚。申子辰月在壬。人命值此二德。多多益善。吉者增吉。凶者減凶。臨於財官印食。福力倍隆。即臨於梟殺刼傷。暴橫舒化。若二德自遭沖剋。則亦無力。舊書天德在乾坤艮巽。以寅申巳亥當之。甚誤。蓋德在天干。不在地支。四孟四季月。在東西南北八干。四仲月在四隅。不可分屬何干。故言乾坤艮巽。豈容雜以地支乎。或曰信如斯言。則四仲月獨無天德耶。不知理難強齊。觀歷家所載天德於八干。皆有天德合。而乾坤艮巽獨無天德合。是亦不能生造耳。則四仲之月。不論天德可也。即如天乙貴人之於諸支。有一臨。有再臨。有不臨。何嘗畫一乎。

■貴人論

天乙貴人。天神之尊貴者。舍乎斗牛之間。出乎井鬼之次。持衡布德。神煞莫不避藏。其治乎陰。夏至後則由斗牛之間而起。逆行各支。甲日臨丑。乙日臨子。丙日臨亥。丁日臨酉。己日臨申。戊庚日臨未。辛日臨午。壬日臨巳。癸日臨卯。其治乎陽。冬至後。則由井鬼之次而起。順行各支。甲日臨未。乙日臨申。丙日臨酉。丁日臨亥。己日臨子。戊庚日臨丑。辛日臨寅。壬日臨卯。癸日臨巳。惟辰爲天羅。戌爲地網。不臨其方。舊歌甲戊庚牛羊等句。蓋言貴人治陰。則甲日在丑。戊庚日在未。治陽則甲日在未。戊庚日在丑。互文見意。理甚顯著。且言鄉言方。可見止一貴人。遇某干之日。則臨某方耳。說者誤以爲十干之貴人。又誤爲十干各有陰貴陽貴。將貴人有二十矣。若陰陽有以寅申分者。夫貴人既日移一方矣。豈於一日之中。又復朝暮易處乎。當以夏至從丑起。冬至從未起爲是。凡人命生夏至後甲日柱有丑字。則貴人正臨其方。能助吉解凶。柱有未字。則貴人未臨。不足爲美。餘倣此。又有貴人頭上戴財官之說。此止有甲日遇辛未庚日遇丁丑。然亦須全觀四柱。此一端未可決爲貴格。且由頭戴而推之。則某吉神上戴官戴財戴印。將不勝其紛紜矣。舊又有日貴格。止丁酉丁亥癸卯癸巳四日。此亦助吉之一端。不可遽言格也。至於貴人之緣起。某干何以在某。其說甚多。未見有直捷顯白者。皆不足深究耳。至日生陽貴臨子。夜生陰貴臨未。臨子爲陽臨未爲陰。初非有二貴也。

▣月將論

月將者。每月中氣後。太陽躔次也。太陽所臨。吉增凶散。其用與天月二德同。如命生正月雨水後。二月春分前。地支得亥。係吉神則益吉。係凶神則減凶。

餘月倣此。較太歲三合之將星。尤爲親切。卽値空亡。亦不以空論。蓋太陽爲諸曜之主。管三旬之事。不可得而空也。

驛馬論

亥卯未年馬在巳之類。蓋從三合局。取其生動之氣。假名驛馬。如命中吉神爲馬。大則超遷之喜。小則順動之利。凶神爲馬。大則奔蹶之患。小則馳逐之勞。逢沖譬之加鞭。遇合等於縶足。行運流年亦然。然皆比擬如此。非眞驛遞之驛。車馬之馬也。舊書妄列款段等十二馬。及馬頭帶劍。馬驟天庭等名目。穿鑿無理。若日干坐馬多動。往往有之。他干坐馬。不必瑣瑣推論。而舊書又有馬上貴人之類。正如所謂祿前二位爲金輿。君子居官得祿。須坐車以載之。同一可笑也。至於驛字之義。不過往來云爾。舊書分何者爲驛。何者爲馬。妄造有驛無馬。有馬無驛之說。充其義類。必將又分幾等驛。何者爲司驛之官。何者爲牧馬之卒。何者爲豢馬之料矣。又考舊書云。驛馬者。先天三合數也。先天亥四卯六未八、故自子順數至巳。凡十八而爲木局之驛馬。先天寅七午九戌五。故自子順數至申。凡二十一。而爲火局之驛馬。先天巳四酉六丑八。故自午順數至亥凡十八。而爲金局之驛馬。先天申七子九辰五。故自午順數至寅凡二十一。而爲水局之驛馬。木火陽局也。從子一陽而順轉金水陰局也。從午一陰而順行。此說亦可參攷。故存之。

■空亡論

甲子旬中戌亥空之類。蓋十干分統各支。甲子至癸酉而止。遺戌亥二支。不在統內。故名空亡。皆以生日推之。失時爲真空。得時爲半空。如命中吉神真空。則吉減十之七。半空則吉減十之三。凶神真空。則凶減十之七。半空則凶減十之三。如有扶助。則真空同於半空。半空則吉凶如故。更逢沖尅。則半空同於真空。真空則吉凶俱無矣。舊書謂木空則折。土空則崩。水空則涸。以空爲忌。火空則發。金空則鳴。以空爲佳。夫空猶無也。有火斯發。無火何發乎。有金斯鳴。無金何鳴乎。五行勿分可也。又謂陽日空陽。陰日空陰。如甲子日陽干則空戌。乙丑日陰干則空亥。此亦近理。然甲子日見亥。乙丑日見戌。亦難謂全不空。至運逢原空之神。是爲塡實。不爲愈空。苟原無而運遇之。亦以空論。然不如局遇之緊。舊又謂年月日時四干在空支之上。是爲坐空。然較之支之自空。則更有間矣。又謂遇冲則實。然空則無氣。冲之恐益破散。豈反實乎。至於旬空之外。別立數種空亡。雖亦有說。然以之推命。往往滿局皆空。徒亂人意。姑置之。

◘刦殺論

舊書命家神煞。以刦殺亡神爲緊。亥卯未太歲以申爲刦殺。寅爲亡神。巳酉丑太歲以寅爲刦殺。申爲亡神。寅午戌太歲以亥爲刦殺。巳爲亡神。申子辰太歲以巳爲刦殺。亥爲亡神。其說曰自外奪之之謂刦。自內失之之謂亡。夫刦乃太歲三合之忌神。謂自外奪之理之所有。亡卽太歲之祿神。何因自內而失乎。故止存刦殺一種。用法與刦刃相同。吉神乘之。亦爲威權。凶神乘之。卽爲剋伐。然視殺刃則緩矣。若舊書亡刦名目各有十六種。如刦殺聚寶刦殺富藏等種種。可發一笑。不待辨而知其妄也。

■納音論

自唐以來。術家多用生年論命。其在以生年干支之納音爲主。而輔以月日時之納音。考其生剋大端。次取各干支之五行。以爲扶抑。其遺書不多。往往言之成理。持之有故。至後五代。徐子平始專以日干論命。自宋迄今。術家皆祖述之。著書立言甚衆。間有參用納音者。仍以日干爲主。其法不甚詳。亦不甚驗。蓋法遠而書少。則精微不傳。法近而書多。則義理日著也。嘗考二法。雖理有可通。但吉凶頗多矛盾。既無古人成法。可據以折衷。欲以意爲之。又無所本。不若置納音而專講子平氏之術。較爲直捷簡當。若舊書論納音。多有可怪者。因甲子乙丑海中金。丙寅丁卯爐中火。謬誕相沿。遂取海中爐中等三十名色。借江山草木鳥獸器皿。一一穿鑿生造。又牽地支所屬龍虎之類。妄立諸名。如龍奔天河。劍化青龍。種種不經。可爲深惡。總之論命勿雜納音。自無此弊。若有該博之士。廣求古人納音諸法。研求纂輯。自成一書。亦於命理有補耳。

■八法論

舊書有神趣八法。曰類象。曰屬象。曰化象。曰從象。曰照象。曰鬼象。曰伏象。曰返象。所謂類象者。即一方曲直等格也。屬象者。即三合曲直等格也。化象者卽甲己化土等格也。從象者凡地支一氣。天干概從之。然從尅我。從我尅。從我生。俱有秀氣。若印綬比刦有何可取而從之耶。照象者。卽類象引至時上。遇印生爲照。鬼象者。卽從象中地支純殺。行鬼旺爲吉。行鬼衰爲凶。初無殊理。何必又分二象。伏象者。如壬日遇寅午戌。生於五月。壬水無根。天干無丁。乃取午中丁火合壬水而伏之。運至木火爲吉。水鄉爲凶。此直是棄命從財。但不喜見丁。小異耳。其理紆曲難憑。不若棄命從財之直捷也。返象者。一說月令用神。引至時上。逢絶爲返。一說十干欲化。月時又逢本氣爲返。此乃破格。何足爲象也。舊又有取屬照伏鬼四象。別生詮解者。愈繁愈支。不若概置爲快耳。

小運論

舊書有大小運。所謂大運者。卽從生月順行逆行。一運管十年是也。所謂小運者。男一歲起丙寅。順行二歲丁卯。三歲戊寅。女一歲起壬申。逆行二歲辛未。三歲庚午是也。夫大運分陰陽年。男女從月建而起。其理有根。且人各不同。吉凶易辨。若小運則不論何年何月。所生男女。俱起丙寅壬申。其理不確。且凡人皆然。吉凶何憑乎。況有大運及流年。頭緒已多。更加以小運。紛紜愈甚。眩惑愈甚矣。故削之。又舊書有從生時起小運者。如男生陽年甲子時。一歲乙丑。二歲丙寅。男生陰年甲子時一歲癸亥。二歲壬戌。女命反是。要之。皆生造之說。不足據也。

■干支一氣論

舊書有云。天干一氣。地支相同。人命值此。位至三公。嘗考公卿之命。干支一氣者絕少。而一氣之命。貧賤凶禍者頗多。蓋人命須合財官印食取用。干支各止一字。則必有所缺陷矣。今約略論之。四甲戌。戌中辛官戊財。惟丁火傷官。而秋月火不得令。其命似佳。但逢運行亥子寅卯。財官俱背。東方生起傷官。尤不美。四乙酉。酉爲純煞。運行未午巳。純煞有制。可謂貴命。惟卯運不利。四丙申。申中庚壬爲財煞。干有四丙。豈能棄命從之。運行亥子丑不利。四丁未。未中乙梟丁比。惟己爲食神。得生金財。流通爲妙。運行午巳辰寅卯。火愈炎。土愈燥。此凶禍之命。四戊午。午中丁印己刼。炎燥極矣。又係四刃。運行申酉猶可。戌則復見火土。亥子尤加冲激。亦凶禍之命。四己巳。巳中丙戊。雖亦火土。而四月不爲燥。運行卯寅制土。丑子財地。引通巳中庚氣。此命亦可富貴。但不免駁雜耳。四庚辰。辰中戊梟癸傷。惟乙木爲財。運行巳午制庚亦佳。申酉戌則庚干太旺。伐盡乙木。豈能安吉。四辛卯。卯爲純財。干有四辛。亦不能棄命從財。運行子亥。黨財爲患。酉亦冲激不佳。四壬寅。寅中甲食丙財。惟戊爲煞。運行巳午未丙財得地。引通木性。可謂富命。申運戰食必破。四癸亥。

亥中壬甲刦傷。且通體皆水。須木爲流通。運行酉申。助水尅木。必致災患。午巳冲激尤凶。此其大略也。逐運詳究休咎。不盡於此。要之。此等之命。吉凶不一。若干一氣而支不一氣者。亦從支神取斷。支一氣而干不一氣者。則合支神與各干取斷可也。

■雙飛兩干三朋論

舊取兩干兩支。各自相同。名雙飛蝴蝶。止於兩干各自相同。名兩干不雜。皆稱爲貴格。夫一主遇兩官兩印兩財兩食。猶須以全局斟酌。設使一主遇兩煞兩梟兩刦兩傷。則求制求救。尚且不暇。可易言富貴乎。舊又取天干三同。或地支三同。名爲三朋。夫天干一主二比。是爲太强。一主三他神。係官印財食。可以取用。倘係煞傷梟刦。豈非大害乎。地支三朋。能暗冲暗合者。亦可取用。否則卽屬官印財食。亦嫌太重。若屬煞傷梟凶。其凶甚矣。要皆舊書相傳。

習而不察。故詳說之。

■月日時祿論

舊取月支見祿。爲建祿格。日支見祿。爲專祿格。時支見祿。爲歸祿格。夫人命窮達吉凶。須合四柱取斷。安有一支之祿。遂可言格者。凡命格皆從生剋而取。故有官煞印財食傷六格。祿則非生非剋。直是地支中一比肩耳。善乎獨步之論歸祿日月令財官遇之吉助。可見祿之爲用。但能助財官之吉。建祿專祿。亦猶是也。何足爲格乎。且均之祿也。舊於建祿則喜官。於歸祿則忌官。其理安在。舊又謂三祿俱畏殺。此必日主僅依此祿。恐殺傷其祿。則身無所依也。若日主更有生扶。雖見殺。何害耶。至於財官印食各得本祿。必先見此干。而後遇支方是。舊書丙日不見癸干。但見子子。卽曰官星得祿。壬日不見丁干。但見午字。卽云財星得祿。是則柱見子午卯酉。寅申巳亥八支。無非財官印食得祿矣。豈不可笑。故附辨於此。

■靑龍伏形等格論

舊取甲乙日坐金。爲靑龍伏形。丙丁日坐水。爲朱雀乘風。戊己日坐土。爲勾陳得位。庚辛日坐火。爲白虎持勢。壬癸日坐土。爲元武當權。夫日支坐官殺。何遽當權持勢。卽使官煞會局。或兼坐財印。亦得不問天干。不考全局乎。且舊註伏形言伏於金也。夫受制而伏。與當權得勢。必有分矣。何以均是天干。異同若此。宜削之。

■福德秀氣格論

舊取五陰日遇巳酉丑。爲福德秀氣。其法日干獨二三朋。巳酉丑須全見。夫陰陽干遇地支金局。或爲官殺。或爲印財。或爲食傷。當須審時令。議扶抑。豈因日主三朋。遇之遂爲秀氣乎。設遇亥卯未木局。其理亦同。何獨不取乎。陽干三朋。遇寅午戌申子辰。豈無秀德乎。又云如三己巳。三己酉。三己丑。亦可。無論己酉己丑。安得有三。卽使他干支有之。是乃偏駁之局。不更煩區處乎。卽如己日遇巳酉丑一時。猶以爲金神。全遇之。乃三金神。可畏之甚。顧以爲秀德乎。此實妄創之格。故刪之。

三奇論

舊以乙丙丁爲三奇。此理出於奇門。若照奇門推究。其法多端。非見此三字。遂爲三奇也。子平之理。已不勝煩。益以奇門。充棟不足盡其書。經年不能殫其蘊矣。若只用此三字。乙日遇丙丁。或入木火通明之格。丙日遇乙雖印。遇丁則刦矣。丁日遇乙爲梟。遇丙則亦刦矣。又如甲日遇之。則一刼一食一傷。庚日遇之。則一財一殺一官。何奇之有。舊又以乙丙丁爲天上三奇。而增甲戊庚爲地下三奇。壬癸辛爲人中三奇。尤牽强附會。俱置之勿論可也。再考舊書。復有三奇。謂財官印俱全。無刑冲剋害者。是或財官食俱全。亦是。夫財官食俱全。何命無之。卽云無冲刑剋害爲難。然亦恆有之局。何足爲奇。宜幷置之。

雙美論

舊取壬午癸巳二日爲財官雙美格。以壬坐己官丁財。癸坐戊官丙財。無夾雜也。喜生冬月。忌干頭見殺及傷官。夫二日信美矣。然日支財官只一端耳。何可遽以爲格。且所貴乎財官者。以日主能任之也。設使壬午日。干支疊見丁己午未。癸巳日。干支疊見丙戊辰巳。恐不能任財官。是反爲不美矣。又使干頭見殺。巳午逢冲。不用。別成煞刃相濟。殺刃相停等格。或甲乙木透干。見亥卯未會成傷局。有制有化。皆能取貴。豈必拘於坐下財官。而必不用煞與傷哉。總之。坐下財官印食。乃美質已具。若全局扶抑得宜。榮顯較易。非可遂恃之爲貴也。或曰古人於十干中止取此二日。必有不同於他日者。不知己亥日坐甲官壬財。與此何異。若日坐官印者尚多。安見印不如財。其可勝取乎。

■十惡大敗論

舊書甲辰。乙巳。丙申。丁亥。戊戌。己丑。庚辰。辛巳。壬申。癸亥。十日。爲十惡大敗日。蓋以甲辰旬空寅卯。則甲辰乙巳日無祿。甲戌旬空申酉。則庚辰辛巳日無祿。甲午旬空辰巳。則丙申戊戌日無祿。甲申旬空午。則丁亥己丑日無祿。甲子旬空亥。則壬申日無祿。甲寅旬空子。則癸亥日無祿。故爲十惡大敗。嘗考富貴之命。在此十日者甚多。況不論四柱。而止論所生之日。安有是理。即以日推。丁亥辛巳日坐官。甲辰丙申日坐財。壬申日坐生。乙巳日亦坐庚官。己丑日亦坐癸財。庚辰日亦坐乙財。戊戌癸亥。不過身旺耳。此十日有何惡且敗。卽中雜比刦梟傷。豈遂不可制。不可用乎。世間婴嫦。遇此十日。儘有因而憎惡者。深可異也。舊書所載凶日。類此者不少。並宜置之。

壬騎龍背論

舊取壬辰日局中辰字多。爲壬騎龍背格。其說用辰字暗冲戌中辛丁戊。爲壬日財官印俱全。夫壬日辰多。安得舍疊逢之顯煞。而用暗冲之官星。況戌中之戊。乃壬之殺。命家但有冲官爲用。從無冲殺爲用。則此格之無據。決矣。惟辰卽壬庫。故壬日不透戊。不畏辰多。丑卽藏癸。故癸日不透己。不畏丑多。若身煞兩停。四柱扶助合法。多致榮顯。非壬日辰多卽貴也。術家於寅辰字往往加以龍虎美名。夫用辰爲騎龍。則冲戌爲擊犬。何足取乎。

六乙鼠貴論

舊取乙日丙子時。子往動巳。巳往動庚。乙日得官星。爲六乙鼠貴格。此與子丑遙巳相類。牽合附會。於理不通。況既稱六乙。乃止取乙亥乙未二日。可謂六乙乎。乙日遇丙爲傷官。遇子爲偏印。俱無可取。倘以爲天乙貴人所臨而用之。則凡日貴人臨時者多矣。何可勝取。且子未相害。乙未只又何足取也。嘗見人命生於是日是時。成木火通明之局者。往往貴顯。若止照舊說推詳。杳無一驗。故削之。

■六陰朝陽論

舊取辛日戊子時。爲六陰朝陽格。以子中之癸。合巳中之戊。而戊與丙同祿於巳。戊能動丙。來爲辛官。所謂朝陽者。朝丙也。據其立說。已屬紆曲生造。且更有種種謬戾者。夫辛屬八月。是爲四陰。非六陰。一不通也。舊或謂六陰。即六辛。則凡爲辛日。皆可朝陽。乃獨取辛丑辛酉辛亥三日。是三陰朝陽。非六陰朝陽矣。二不通也。舊又有生於亥令六陰之月。乃爲六陰朝陽。夫辛日見亥令子時。明是傷官。豈容置之而別求他理。三不通也。又謂運喜西方。夫卽以陰極喜陽。則行運亦當以向陽爲美。西方不益其寒乎。四不通也。故人命遇之。只取戊正印。子食神。爲諸格之助則可。嘗見是日是時之命。亦有行西方運而貴者。此四柱中自有格。豈得借以實其謬說耶。

■金神論

舊取甲己日。遇乙丑己巳癸酉三時。爲金神格。蓋以巳酉丑金局。而此三時中。二時納音又屬金耳。夫六十日中。巳酉丑時納音屬金者多矣。何獨甲己二日。卽云甲以木畏金。則乙日之辛巳時。乙木何以獨不畏金。且己日何畏於金耶。其論喜忌。或言皆忌水鄉。喜火制。或己日不必火制。夫果金强伐木。則得水正可滋木洩金。何以忌之。一不通也。使遇頑木濁土。正恃此一點金氣。琢削疏通。用火制之。秀氣盡矣。二不通也。己日或値金神結黨。不用火制。

弱土何以自存。三不通也。則金神之當削決也。或曰歷家亦有金神。命家何以不取。夫歷家金神。乃月干之庚辛。及月納音屬金者。其方謂之金神。豈可以彼例此乎。

趨乾趨艮論

舊取甲日乙亥時。以亥暗合寅字。爲甲之祿。又取壬日壬寅時。以寅暗合亥字。爲壬之祿。所謂顯祿不如暗祿也。夫祿止命中一端。卽在月日時。不足取以爲格。況求合於局外乎。誠如是。則乙日戌時。可合卯祿。癸日丑時。可合子祿。諸干如此甚多。何可勝取。舊或謂亥爲天門。甲趨之爲貴。無論天門虛名。卽果有此理。獨甲可趨。他干不可趨乎。舊又謂壬以寅中甲丙合己辛爲財官。此則因暗祿無據。而復變其說。然不能確指合某支之己辛。其無據同耳。更有乾艮二字。穿鑿取義者。夫乾在戌亥之間。非獨亥也。艮在丑寅之間。非獨寅也。安保趨乾不兼趨戌。而趨艮不兼趨丑乎。故並削之。

■合祿論（刑合附）

舊取戊日庚申時。庚暗合乙。爲戊日之官。癸日庚申時。申暗合巳中戊。爲癸日之官。名合祿格。祿卽官也。又取癸日甲寅時。寅暗刑巳中之戊。爲癸日之官。名刑合格。蓋因局無官星可取。故用時干支之專者爲格。似亦有理。但專時能合。則亦能冲。安見庚申時。不冲甲寅。爲戊之祿。癸之傷乎。安見甲寅時。不冲庚申。爲癸之印乎。專時能刑。則亦能合。安見甲寅時。不合亥中之甲壬。爲癸之傷刦乎。且癸日辛酉時。酉亦可暗合辰中之戊爲官。豈獨申能合巳中之戊乎。如此取格。生造日繁矣。舊書所載庚申時忌某干支。甲寅時忌某干支。然人犯諸忌者。富貴甚多。可見戊日庚申時。只應以食神論。癸日庚申時。只應以正印論。癸日甲寅時。只應以傷官論。卽局無官星。自可合四柱取斷耳。或曰支神暗合暗冲皆取。何獨專時不取。不知支神雖多。只是一字。故所冲所合。一定之理。然必擇確當者用之。若專時則上干下支。各有所冲所合。理無定在。況止取時干支之專者。則專年專月專日。其力更大於專時。何以不取。至於用暗刑取貴理尤渺茫。故支神之多者皆不取暗刑。何況一時支乎。

■時格論

舊書以時取格。如時官時殺時上偏財。時上一位貴。時上財庫官庫殺庫之類。不可枚舉。夫論命當合觀四柱。苟屬吉神。處處可用。苟屬凶神。處處可畏。即云時爲歸宿。特吉神喜時上生旺。凶神喜時上死絕耳。且舊說論時格有取通月氣者。有取他干支扶抑者。則仍不專論時矣。夫月令取格。至當之理。猶不可拘。況專取一時爲格耶。

遙合論

舊書取甲子日甲子時。以子中癸水。遙合巳中戊土。丙戊同在巳。戊動丙。丙動辛。得官星。名曰子遙巳格。又取癸丑辛丑二日。丑字多。遙合巳字。巳中丙戊。因遙合而動癸辛。得官星。名曰丑遙巳格。夫子巳向非合神。若從支中所藏癸戊論合。則諸支所藏如此者。多矣。可勝取乎。丑巳雖屬三合。止取二字。已爲不全。若依此例推究。則支中所藏三合尤多。更不勝取矣。卽强以此支所藏合彼所藏爲用。已屬渺茫。乃幷其所藏化神而動之。以爲我用。有是理否。或曰古傳有之。此二格安得不用。不知暗冲暗合之近理者。尚恐開種種生造。若更以遙爲說。何干何支。不可牽合乎。宜亟闢之。

魁罡論（日德附）

舊取庚辰。壬辰。戊戌。庚戌。四日爲魁罡格。主剛果掌威權。以辰爲天罡。戌爲河魁。乃陰陽滅絕之地也。又取甲寅丙辰。戊辰。庚辰。壬戌。五日爲日德格。主慈善享福祿。以甲坐寅得祿。丙坐辰官庫。戊坐辰財官兩全。壬坐戌財官印三奇俱備也。夫辰戌旣爲陰陽滅絕之地。則諸干皆不宜坐。何以取之。況同一庚戌也。何以坐辰則慈。坐戌則猛。且同一庚辰也。何以又爲魁罡。又爲日德。忽猛忽慈。丙何以獨慈而不猛。甲何以獨異而取寅。他支之藏財官印祿者多矣。何以不名日德。卽上稽天文。旁參壬遁。絕不得魁罡與日德同宮之理。並削之。

胞胎論（胎元附）

舊取甲申。乙酉。丙子。丁亥。戊寅。己亥。庚寅。辛卯。壬午。癸未。爲胞胎日。其說曰。五行絕處。卽是胎元。生日逢之。名曰受氣。無論陰陽同生同死。卽據其說推之。甲申乙酉庚寅辛卯。是皆逢絕。若丙戊絕於亥。何以取子與寅。丁己絕於子。何以取亥。壬絕於巳。何以取午。癸絕於午。何以取未。又謂胞胎逢印綬。祿享千鍾。以爲富貴從胎中帶來。得印卽能享也。是則四柱他神。皆可勿論耶。且甲申乙酉戊寅庚寅癸未。支皆帶煞。申寅中又帶梟印。夫殺乃尅身之物。梟乃奪食之神。柱中逢之。尙須處置。胎中帶之。乃以爲美耶。故削之。舊又以距生月之前。十月爲胎元。或於四柱之後。復列一柱。夫人之生。或不及十月。或踰十月。是何可論。且論至此。亦大可笑也已。

■學堂學館論

舊書日干遇長生於月時支。謂之學堂。官殺遇生祿之支。謂之學館。皆取文學貴秀之義。夫一字之生與祿。何足以定其文學貴秀。使日干或太强。官殺或太旺。而又逢生與祿。是適爲累耳。況干支不過陰陽之氣。有何堂館。若由此而穿鑿之。必將以見某爲虛堂。見某爲美館。何者爲堂中之師友。何者爲館中之文章矣。宜削之。

■支屬論

子鼠丑牛寅虎卯兔辰龍巳蛇午馬未羊申猴酉鷄戌犬亥猪。此目十二支所屬。與人命何涉。舊書多有據以論命。於寅辰二字。以龍虎取用。如龍吟虎嘯。龍躍虎臥之類。不一而足。甚至欲言鳳而支中無鳳。往往代以酉鷄。然則欲言麟。而支中無麟。將代以戌犬也。設使因所屬。而被以惡名。則酉戌相見。當謂之鷄鳴狗盜。巳寅相見。當謂之虎頭蛇尾。然人命值此四支。其貴者多矣。此等陋妄之說。宜亟闢之。

■字形論

舊書以字形論煞。凡八字甲辰丙辰丁酉多者。謂之平頭殺。乙巳己巳多者。謂之曲脚煞。甲午甲申辛卯多者。謂之懸針殺。戊戌多者。謂之倒戈殺。夫古聖人制立干支。各有意義。即以象形論。豈在一畫一豎乎。信如斯例。則庚寅辛亥多者。當爲探頭殺。庚寅癸亥多者。當爲擘脚殺。戊辰戊戌庚辰庚戌多者。當爲倚劍殺矣。況相人貴頂平。修養須曲足。有何不美。前人反兵攻後。是爲倒戈。戊戌二字。戊皆正寫。何倒之有。故亟闢之。

精選命理約言 卷四

嘉興韋千里選輯

雜論 二十四則 附張神峯闢五行諸謬十一則

祿命之學。不詳所自起。舊書云。始於珞琭子。乃戰國時人。與鬼谷子同時。漢司馬季主嚴君平。三國管輅。晉郭璞。北齊魏定。唐袁天罡。僧一行。李泌。李虛中。皆祖其術。泌嘗得輅天陽訣。又得一行要旨。推人吉凶最驗。泌傳虛中。推衍用之。自珞琭子迄虛中。論命取生年。取納音。五代有麻衣道者。及陳希夷。又有徐居易。字子平。得虛中之術。而損益之。始專論日主。以推五行。不主納音。宋孝宗時。淮上術士沖虛子精此術。傳僧道洪。道洪傳徐大升。元人。推子平大升二家之法。而演繹之。以迄於今。此其大略也。余考珞琭子世代無據。大約與李虛中相去不遠。觀舊書所傳。珞琭子一賦。其中援引漢晉諸人。則非戰國時人明矣。何反云諸人祖其術耶。卽漢晉唐諸人。或以卜著。或以相著。或以歷著。未有以祿命著者。李泌外傳。但有神仙之事。陳希夷隱居養道。皆無所謂祿命者。若推命之法。舊書間引虛中之說。而完全罕覯。其法未詳。至徐子平。而法始定。至徐大升。而法益章。然二家所著。往往一篇之中。財官印食神煞之屬。生尅扶抑吉凶之理。錯然並陳。觀之者目眩以亂。餘諸家所著賦論。不越此體。間有區分條晰者。而頭緒繁雜。文義俚拙。蓋學非通儒。則見理不徹。筆非文士。則措詞不通也。張逸叟楠著命理正宗。頗能區分條晰。亦病筆拙詞蕪。惟萬進士民英著三命通會。區分條析。文理朗順。而意在蒐采。義無確一。貴多而不貴精。能博而不能約。然較諸術家。則勝遠矣。俗稱子平謂子屬水。推命如子水之平者。此謬說也。後五代徐居易字子平。東海人。別號沙滌先生。又稱蓬萊叟。隱於太華西棠峯洞。濯纓筆記。載之甚詳。

命家所論。財官格局神煞三者而已。玉井奧訣。滴天髓二書。則搜陰陽之理。窮干支之情。不沾沾講求三者。故術家不尚之。然陰陽之理精。干支之情透。於以推論三者。不更深微而確當乎。故全錄之。奧訣乃安東杜謙所著。其筆晦而空。滴天髓託名劉誠意。其筆朗而快。言理皆了然心手。要之。此二書當與子平大升輩所著。並爲命家法式。

張神峯看四柱及大運。俱重天干。有蓋頭之說。謂干如人之頭面。支如人之臟腑。藏乎下者發乎上。藏可掩。發不可掩。一生富貴貧賤。只從頭面上得見。凡爲福爲禍之物。透於柱中。天干利害最切。行運雖値所喜之支。而所憎之干蓋之。則不吉。値所憎之支。而所喜之干蓋之。則不凶。如喜木火而運有甲乙丙丁。便有幾分美處。憎金水而運有庚辛壬癸。便有幾分不美處。其說頗有見解。然在柱在運。終須合干支論斷。如喜甲乙而坐申酉。能無損乎。憎丙丁而坐亥子。豈無益乎。要之柱干當論令。卽甲乙蓋寅卯生於秋令。只是秋木。運支當論方。寅卯辰之方。雖上蓋庚辛。終是東方上之金。不與西方之金同論。餘皆例此。

張神峯病藥之說。其法甚善。然方取病傷。卽求醫藥。既用醫藥。仍歸中和。非舍正理而尚奇僻耶。至所云八字純然不旺不弱。財官無損。日主中和。斷如常人之命。則其說尤偏矣。人命純粹中和。安有不貴不富。持純粹之中。暗藏駁雜。中和之內。嫌於淺露。仍是不純粹不中和耳。嘗見大富貴命無病無傷。不旺不弱。運歷五行而皆美。身備五福而無虧。豈非純粹中和之確驗。何必過拘病藥之說乎。

昔人云。盈天地間者。皆水土也。故長生而不滅。木雖時榮時落。然到處皆有。故次之。火則由鑽木而來。金則披沙而得。故易生易滅。此說亦通。但五行生息。惟論其理。不在形質。觀大易所引天生地成之數。可見厥氣惟均。不須差別也。

百物皆具有生氣。故能長育攸遠。人命亦然。不拘財官有無。格局成否。須有一種生氣。非生我我生之謂也。只在體象神理之間。細細理會。上命有之。下命亦有之。沖和朗健中有之。強戾柔闇中亦有之。正如人身六脈中胃氣盛則生。衰則病。絕則死。名醫之審胃氣。了然指下。難以形容。神術之察生氣。曉然胸中。亦難以形容也。

人命生於春秋之月。寒暖得中。若生於盛夏。則偏於炎矣。炎則喜潤。局中得水爲佳。生於嚴冬。則偏於寒矣。寒則喜溫。局中得火爲美。然亦有不同焉。冬月水生木。木卽生火。其化尅爲生也易。夏月火生土。土生金。其化囚爲生也難。故冬火但求得生。夏水或徒相激。若夏水不激。而成象通根。冬火逢生。而揚輝發燄。或爲日主。或爲六神。皆貴命也。

日主雖弱。棄格不成。官煞食傷雖强。從局不就。如此者强扶抑之。則相激而反凶矣。不若取强者之性情。引而化之。卽其所生是也。如官殺太强。則引之以印。食傷太强。則引之以財。然以陽引陽爲上。如引甲以丙。引乙以丁是也。以陽引陰。以陰引陽爲次。如引甲以丁。引乙以丙是也。若財印太强。則難概用引化。蓋財所生者乃官殺。恐尅重身輕。愈爲弱主之害。印所生者乃比刼。卽母多子病。亦非比刼可救耳。

日主雖貴得時。然月令値官殺財印食傷。其生尅作用甚多。俱有情致。値祿僅堪助主。情致頗少。苟値刃刦。反須仗他人裁制矣。故日主以相爲上。女命尤宜。蓋不强不弱也。必謂女貴休囚。亦非至理耳。

陽干任尅之力輕。而生物之力重。故陽日用印。有時喜偏。而丙壬尤喜。陰干生物之力輕。而任尅之力重。故陰日遇殺不畏其强。而丁己尤不畏六神分官殺財印食傷。六親分父母妻子兄弟。亦只大端如是耳。若執一取斷。種種難通。如財爲妻室。又爲家資。人命有財神得時無破。宜乎二者並美矣。乃或妻偕老而財窘乏。或財充裕而妻喪亡。有財神失時遭尅。宜乎二者俱傷矣。乃或妻頻逝而財仍豐。或財雖匱而妻無恙。將何說以處此乎。謂法當分看。其法何憑。謂理各不同。其理安在。故六神六親皆宜通融取斷。

生時歸祿之外。其吉者甲日癸酉時。己日丙寅時。丁日壬寅時。壬日己酉時。皆干支官印。上下相生。己日甲子時。丁日辛亥時。皆干支財官。上下相生。戊日乙卯時。干支上下純官。癸日庚申時。干支上下純印。甲日戊辰時。戊日壬子時。壬日丙午時。癸日丁巳時。皆干支上下純財。戊日庚申時。癸日乙卯時。皆干支上下純食。此諸時雖非遇之卽貴。然以助全局之吉較有力也。

俗於四墓愛之。則取財庫官庫殺庫。夫財之取庫。猶爲近理。官殺何取於庫乎。憎之則動云天羅地網。夫辰戌止是水火之墓。豈諸干皆墓乎。卽水火亦有時用庫。豈遂爲羅網乎。又謂少忌庫運。老喜庫運。夫原局過於發揚。少年亦利收斂。過於鬱塞。老年亦惡閉藏。此正與少畏死絕。老畏長生同一偏見耳。

緇流羽士之命。證果登仙者。不特體格至清。抑且福力至厚。非人間大富貴人所可及也。此不當以孤高求之。其孤高者。乃釋道中稍成品格者耳。若尋常釋道。只就五行推看。偏枯駁雜。自然世緣淡薄。必謂火土爲釋。金水爲道。其論固矣。

人命好運。多或三四十年。須二十歲外行之。少或一二十年。須三十歲外行之。若好運太早。髫齡之日。弱冠之前。何遽能榮顯乎。卽或蒙親蔭世職。然好

運過後。福盡而算促矣

命有十分福氣。行二三分惡運。都不覺凶。四五分惡運。亦止浮災細累。至六七分惡運。方有重災。福力本厚故也。命有五分福氣。行一分惡運。卽不如意。二三分惡運。必見重災。若四五分惡運卽死。根基不堅故也。

命主旺甚。行尅削之運宜利矣。而或凶或死。何也。譬之暴悍之人。忽遭折挫。多至引決也。命主衰甚。行滋助之運宜亨矣。而或危或喪。何也。譬之寒微之人。驟得富貴反爲不祥也。故旺勿至於太亢。弱勿至於無氣。

人有此日坐罪。而來日忽貴者。前月登第。而後月遽沒者。非此運吉凶雜見。乃吉運中微帶危機。凶運中偶扶貴氣耳。又有以義氣攖禍患。而反致通達者。由詭道得名利。而反取喪亡者。此則直是吉運。絕非危機。直是凶運。毫無富貴氣也。

人命有十分吉運。而反休官者何也。宦途危險。欲罷不能。一旦投閒。終身安枕。非十分吉運。何能得此乎。有十分凶運。而反遷秩者何也。歷任平安。忽移重地。變生意外。命損須臾。非十分凶運。何以至此乎。

凡看人命。先問六親姓氏。及前此履歷。一一詳悉。方可推算。蓋已往之事。雖驗無益。不足爲奇。惟將來休咎。果能洞見。其人信之。上可積善改過。下亦趨吉避凶。然非稽其已往。無以測其將來。如或隱而不言。朦朧相試。愼勿輕談妄斷。

舊書稱官爲祿。稱財爲馬。易與日祿之祿。驛馬之馬相混。又稱子丑爲鼠牛。寅卯爲虎兔。此類亦不爽目。故是集各正其名。

舊書往往稱子午卯酉。爲坎離震兌。寅申巳亥爲艮坤巽乾。不知八卦加十二支之上。坎正在子位。傍占亥丑各二分半。離正占午位。旁占巳未各二分半。震正占卯位。旁占寅辰各二分半。兌正占酉位。旁占申戌各二分半。艮則占丑寅各七分半。坤則占未申各七分半。巽則占辰巳各七分半。乾則占戌亥各七分半。謂子午卯酉。爲坎離震兌。猶曰舉其重者言之。謂寅申巳亥。爲艮坤巽乾。何以偏舉其少。獨遺其多乎。夫地道只十二支一層耳。加以天干是第二層。加以八卦是第三層。堪輿家以六十四卦十二支。分爲二十四山。識者猶以爲不盡然。況命理而可分裂諸支。妄舉四卦也耶。

世俗相傳。父命凶。則能尅子。子命凶。則能尅父。夫命凶。則能尅妻。妻命凶。則能尅夫。遂至有骨肉相怨憎者。此說殊誤。凡父命中子星破壞。可以推其子之不肖。非因父命而尅子也。子命中父星衰絕。可以推其父之早逝。非因子命而尅父也。夫命中妻星損壞。可以推其妻之頻喪。非因夫命而尅妻也。妻命中夫星死絕。可以推其夫之不祿、非因妻命而尅夫也。

昔人有言。能讀千賦。則曉賦。能觀千劍。則曉劍。凡欲究心斯道。須收集舊命。并海內現在諸命。挨順年月日時。編成底本。詳錄六親履歷。考古證今。自然命理精通。若祇有閱看術家舊刻之書。僅推相與親知之命。此猶空讀醫經。未嘗臨千百人之症。用千百劑之藥。遽欲立方中病。難矣。

■附張神峯闢五行諸謬

婁景以爐中海中大林路傍等。配納五行爲歌。使人成誦。後世謂爲實然。若三車一覽。望斗真經。蘭臺妙選等書。俱不論生尅正理。漫以江山水石風雨立說。又以人之生年十二支生肖所屬。論人吉凶。尤爲謬妄。如宜黃縣兵部尙書譚二華八字庚辰甲申丁未丙午。本係身强殺淺。假殺爲權。喜行殺旺之地。乃舍此正理。謬言其命屬龍。得丁未丙午日時。謂之龍奔天河。以龍遇水爲極貴。有一貧命。庚辰甲申癸亥癸亥。亦可以龍入大海論之。何以極貧。

緣此八字水多爲病。再行北方運。以水濟水。正謂背祿逐馬。守窮途而悽惶也。且如人屬鷄犬豕羊。亦有貴命。將何以理論之。又有破碎呑陷等煞。及小兒雷公金鎖斷橋百日鷄飛等關。祇以生年一字。犯某日某時爲言。以至驚人父母夫在八字干支。以生剋制化正理搜尋。尚且禍福不驗。乃欲執一字。以定生死乎。

呂才合婚書。俱爲理之所無。人之婚姻。由於前定。擇婚擇命。不過父母愛子之心。男之擇女也。八字貴看夫子二星。女之擇男也。八字貴得中和之道。何以妄立骨髓破鐵掃帚六害大敗狼籍飛天八敗孤虛等謬說。將生年十二支。止以月家一字爲犯。豈有是理耶。夫合年月日時及地支所藏。論人休咎。尚不能得。況獨取年月兩字。不與日時相關乎。世俗遂以爲真。彼高明者。知其無驗而破之。人亦不信。即如發科發甲者。止讀儒書。未諳此理。遂亦酷信。

以致下愚之人曰。彼讀書人尚且信之。我何疑焉。又或八字果係偏枯。太弱太旺。有病無藥。不以爲正理未佳。只怨帶此諸凶爲害。愚謂此等妄語。必毀其板。火其書。而後可。

進財退財。望門守寡。妻多危。夫多厄。死墓絕。妨夫妻。止以人之生年金木水火土。納音所屬月上一字犯之。夫退財進財。係乎自己命運。安有他人家男女。而能致我之禍福耶。

女命以八敗桃花煞爲首忌。八敗如猪羊犬吠春三月。蓋以亥未戌人。三月生者。遂爲八敗。不論日時。不論夫子。其謬甚矣。桃花煞如寅午戌兔從茅裏出。蓋取寅午戌屬火。沐浴於卯。火在卯上沐浴。有裸體之嫌。其謬甚矣。吾見夫子兩全富貴老婦。因其幼帶八敗諸煞。父母將其八字改造適人。及至臨終。始告夫子真造。以紀譜志墓。嘗取其真造視之。原係夫子明透。理得中和。

世俗止謂其帶八敗諸凶。而不知其八字甚美也。

合婚書以男女年命宮數。配合天醫福德爲上婚。游魂歸魂爲中婚。五鬼絕命爲下婚。若果有是理。則凡議婚者。俱擇上中者配之。擇下者舍之。天下必無怨女曠夫矣。或曰。男女俱擇四柱好命相配。則下命者。當看男命帶比肩刼財重者。擇女命帶傷官食神重者配之。女命帶傷官食神重者。擇男命帶比肩刼財重者配之。庶幾近理。

珞琭子專以財官爲主。雖人以財爲依傍。然財官太旺。日主太弱。則身不能任其財官。苟日主太旺。財官氣輕。則財不敷身主之運用。當以財官日主二者參看。子平書云。財官輕而日主旺。運行財官最爲利。財官旺而日主弱。運行生旺最爲奇。此言至當至約。若珞琭子所言止要財官生旺。不看日主强弱。不亦甚謬乎。

一日德格。有甲寅丙辰戊辰庚辰壬戌五日。何以見其爲德。不考原委來歷。輒以日德名之。豈非謬說乎。

魁罡格取壬辰庚戌庚辰戊戌臨四墓之上。爲魁罡。能掌大權。何以臨四墓之上。遂能如此。亦謬說也。

六壬趨艮格。謂用寅中甲木能合己土爲壬之官。寅中丙火能合辛金爲壬之印。俱是無中生有。大抵與拱祿飛祿祿馬之說相爲表裏。而此說尤非也。

六甲趨乾格。謂亥乃天之門戶。甲日生人臨亥上。何以不謂之趨乾乎。豈天門祇好此六甲來趨乎。夫天體至圓。本無門戶。卽以乾居西北。類天之門戶。豈可論人之禍福乎。

勾陳得位格。以日主臨財官之地也。夫身主不柔。能任財官。謂之得位秉權。宜矣。若身主氣弱。臨財官太旺之地。或爲財多身弱。或爲煞重身輕。以之爲美。豈不謬乎。

跋

客有問於余者曰。今世科學昌明。迷信破除。星命之學。已成强弩之末。究宜存廢否。余曰。凡一術經傳千百年而不滅。必有其意義與價値。星命之學。言於科學。卽屬數理。原理甚爲高深。挽近學者。多趨西學。致此意深義遠之命學。反遭漠視。而江湖術士。習旣不精。學更非澈。支詞誤會。眞理盡失。藉皮毛以欺世。圖一己之私利。遂被社會所輕視。學者所擯棄。客如有所悟。唯唯而退。

韋君千里。年少英俊。幼承家學。精研命理。余訂交尙不久。曩輯松廬命話。余曾見於蔣翁淸渠案頭。嫌其簡略。近復刊命理約言書。爲海寧陳相國所著。年久湮歿。世無刊本。蔣翁曾囑校讎。余才得先覩。校旣竟。韋君復來書索序。

竊余於星命之學。本非專習。秉性好奇。公餘常喜研討。顧讀書不多。所學當不深。更憾經閱命書。多言不達意。意不近理。謬論異說。不堪卒讀。較之約言。少有可及。約言言論謹慎。立意嚴密。處處以事實為根據。在在引正說作理論。辨真刪偽。適合時潮。星命書籍。堪認正宗。庶幾後之學者。不入歧途之苦矣。韋君之功。固可不朽。命學同人。更當慶幸焉。

癸酉暮春古越荊花館主謹識

編號	書名	作者	備註
占筮類			
1	擲地金聲搜精秘訣	心一堂編	沈氏研易樓藏稀見易占秘鈔本
2	卜易拆字秘傳百日通	心一堂編	
3	易占陽宅六十四卦秘斷	心一堂編	火珠林占陽宅風水秘鈔本
星命類			
4	斗數宣微	【民國】王裁珊	民初最重要斗數著述之一；未刪改本
5	斗數觀測錄	【民國】王裁珊	失傳民初斗數重要著作
6	《地星會源》《斗數綱要》合刊	心一堂編	失傳的第三種飛星斗數
7	《斗數秘鈔》《紫微斗數之捷徑》合刊	心一堂編	珍稀「紫微斗數」舊鈔
8	斗數演例	心一堂編	秘本
9	紫微斗數全書（清初刻原本）	題【宋】陳希夷	斗數全書本來面目；有別於錯誤極多的坊本
10-12	鐵板神數（清刻足本）——附秘鈔密碼表	題【宋】邵雍	無錯漏原版秘鈔密碼表　首次公開！
13-15	蠢子數纏度	題【宋】邵雍	蠢子數連密碼表打破數百年秘傳　首次公開！
16-19	皇極數	題【宋】邵雍	清鈔孤本附起例及完整密碼表研究神數必讀！
20-21	邵夫子先天神數	題【宋】邵雍	附手鈔密碼表研究神數必讀！
22	八刻分經定數（密碼表）	題【宋】邵雍	皇極數另一版本；附手鈔密碼表
23	新命理探原	【民國】袁樹珊	子平命理必讀教科書！
24-25	袁氏命譜	【民國】袁樹珊	
26	韋氏命學講義	【民國】韋千里	民初二大命理家南袁北韋
27	千里命稿	【民國】韋千里	
28	精選命理約言	【民國】韋千里	北韋之命理經典
29	滴天髓闡微——附李雨田命理初學捷徑	【民國】袁樹珊、李雨田	命理經典未刪改足本
30	段氏白話命學綱要	【民國】段方	民初命理經典最淺白易懂
31	命理用神精華	【民國】王心田	學命理者之寶鏡

編號	書名	作者	說明
32	命學探驪集	【民國】張巢雲	發前人所未發　稀見民初子平命理著作
33	澹園命談	【民國】高澹園	
34	算命一讀通——鴻福齊天	【民國】不空居士、覺先居士合纂	
35	子平玄理	【民國】施惕君	
36	星命風水秘傳百日通	心一堂編	
37	命理大四字金前定	題【晉】鬼谷子王詡	源自元代算命術
38	命理斷語義理源深	心一堂編	稀見清代批命斷語及活套
39－40	文武星案	【明】陸位	失傳四百年《張果星宗》姊妹篇　千多星盤命例　研究命學必備
相術類			
41	新相人學講義	【民國】楊叔和	失傳民初白話文相術書
42	手相學淺說	【民國】黃龍	民初中西結合手相學經典
43	大清相法	心一堂編	重現失傳經典相書
44	相法易知	心一堂編	
45	相法秘傳百日通	心一堂編	
堪輿類			
46	靈城精義箋	【清】沈竹礽	沈氏玄空遺珍　玄空風水必讀
47	地理辨正抉要	【清】沈竹礽	
48	《玄空古義四種通釋》《地理疑義答問》合刊	沈瓞民	
49	《沈氏玄空吹虀室雜存》《玄空捷訣》合刊	【民國】申聽禪	
50	漢鏡齋堪輿小識	【民國】查國珍、沈瓞民	
51	堪輿一覽	【清】孫竹田	失傳已久的無常派玄空經典
52	章仲山挨星秘訣（修定版）	【清】章仲山	章仲山無常派玄空珍秘　門內秘本首次公開　沈竹礽等大師尋覓一生未得之珍本！
53	臨穴指南	【清】章仲山	
54	章仲山宅案附無常派玄空秘要	心一堂編	
55	地理辨正補	【清】朱小鶴	玄空六派蘇州派代表作
56	陽宅覺元氏新書	【清】元祝垚	簡易・有效・神驗之玄空陽宅法
57	地學鐵骨秘　附　吳師青藏命理大易數	【民國】吳師青	釋玄空廣東派地學之秘
58－61	四秘全書十二種（清刻原本）	【清】尹一勺	玄空湘楚派經典本來面目　有別於錯誤極多的坊本

編號	書名	作者	說明
62	地理辨正補註 附 元空秘旨 天元五歌 玄空精髓 心法秘訣等數種合刊	【民國】胡仲言	貫通易理、巒頭、三元、三合、天星、中醫
63	地理辨正自解	【清】李思白	公開玄空家「分率尺、工部尺、量天尺」之秘
64	許氏地理辨正釋義	【民國】許錦灝	民國易學名家黃元炳力薦
65	地理辨正天玉經內傳要訣圖解	【清】程懷榮	秘訣一語道破，圖文并茂
66	謝氏地理書	【民國】謝復	玄空體用兼備、深入淺出
67	論山水元運易理斷驗、三元氣運說附紫白訣等五種合刊	【宋】吳景鸞等	失傳古本《玄空秘旨》《紫白訣》
68	星卦奧義圖訣	【清】施安仁	三元玄空門內秘笈　清鈔孤本 過去均為必須守秘不能公開秘密 與今天流行飛星法不同
69	三元地學秘傳	【清】何文源	
70	三元玄空挨星四十八局圖說	心一堂編	
71	三元挨星秘訣仙傳	心一堂編	
72	三元地理正傳	心一堂編	
73	三元天心正運	心一堂編	
74	元空紫白陽宅秘旨	心一堂編	
75	玄空挨星秘圖 附 堪輿指迷	心一堂編	
76	姚氏地理辨正圖說 附 地理九星并挨星真訣全圖 秘傳河圖精義等數種合刊	【清】姚文田等	蓮池心法　玄空六法 門內秘鈔本首次公開
77	元空法鑑批點本——附 法鑑口授訣要、秘傳玄空三鑑奧義匯鈔 合刊	【清】曾懷玉等	
78	元空法鑑心法	【清】曾懷玉等	
79	蔣徒傳天玉經補註	【清】項木林、曾懷玉	
80	地理學新義	【民國】俞仁宇撰	揭開連城派風水之秘
81	地理辨正揭隱（足本） 附連城派秘鈔口訣	【民國】王邈達	
82	趙連城傳地理秘訣附雪庵和尚字字金	【明】趙連城	
83	趙連城秘傳楊公地理真訣	【明】趙連城	
84	地理法門全書	仗溪子、芝罘子	巒頭風水，內容簡核、深入淺出
85	地理方外別傳	【清】熙齋上人	巒頭形勢、「望氣」「鑑神」
86	地理輯要	【清】余鵬	集地理經典之精要
87	地理秘珍	【清】錫九氏	巒頭、三合天星，圖文並茂
88	《羅經舉要》附《附三合天機秘訣》	【清】賈長吉	清鈔孤本羅經、三合訣法圖解
89-90	嚴陵張九儀增釋地理琢玉斧巒	【清】張九儀	清初三合風水名家張九儀經典清刻原本！

編號	書名	著者	說明
91	地學形勢摘要	心一堂編	形家秘鈔珍本
92	《平洋地理入門》《巒頭圖解》合刊	【清】盧崇台	平洋水法、形家秘本
93	《鑒水極玄經》《秘授水法》合刊	【唐】司馬頭陀、【清】鮑湘襟	千古之秘，不可妄傳匪人
94	平洋地理闡秘	心一堂編	雲間三元平洋形法秘鈔珍本
95	地經圖說	【清】余九皋	形勢理氣、精繪圖文
96	司馬頭陀地鉗	【唐】司馬頭陀	流傳極稀《地鉗》
97	欽天監地理醒世切要辨論	【清】欽天監	公開清代皇室御用風水真本
三式類			
98-99	大六壬尋源二種	【清】張純照	六壬入門、占課指南
100	六壬教科六壬鑰	【民國】蔣問天	由淺入深，首尾悉備
101	壬課總訣	心一堂編	過去術家不外傳的珍稀六壬術秘鈔本
102	六壬秘斷	心一堂編	
103	大六壬類闡	心一堂編	
104	六壬秘笈——韋千里占卜講義	【民國】韋千里	六壬入門必備
105	壬學述古	【民國】曹仁麟	依法占之，「無不神驗」
106	奇門揭要	心一堂編	集「法奇門」、「術奇門」精要
107	奇門行軍要略	【清】劉文瀾	條理清晰、簡明易用
108	奇門大宗直旨	劉毗	天下孤本　首次公開　虛白廬藏本《秘藏遁甲天機》
109	奇門三奇干支神應	馮繼明	
110	奇門仙機	題【漢】張子房	奇門不傳之秘　應驗如神
111	奇門心法秘纂	題【漢】韓信（淮陰侯）	
112	奇門廬中闡秘	題【三國】諸葛武侯註	
選擇類			
113-114	儀度六壬選日要訣	【清】張九儀	清初三合風水名家張九儀擇日秘傳
115	天元選擇辨正	【清】一園主人	釋蔣大鴻天元選擇法
其他類			
116	述卜筮星相學	【民國】袁樹珊	民初二大命理家南袁北韋
117-120	中國歷代卜人傳	【民國】袁樹珊	南袁之術數經典